L $^{27}_{n}$ 13272

VIE

OU

ELOGE HISTORIQUE

DE M. DE MALESHERBES,

SUIVIE

DE LA VIE DU PREMIER PRÉSIDENT
DE LAMOIGNON, SON BISAÏEUL.

Nota. On a rempli les formalités prescrites par la loi du 19 juillet 1793 pour assurer aux auteurs la propriété de leurs écrits.

VIE

OU

ÉLOGE HISTORIQUE

DE M. DE MALESHERBES,

SUIVIE

DE LA VIE DU PREMIER PRÉSIDENT
DE LAMOIGNON, SON BISAÏEUL.

Ecrites l'une et l'autre d'après les Mémoires du temps
et les papiers de la Famille,

Par M. GAILLARD,

L'un des trois anciens de l'Académie française, et doyen de l'Académie des Inscriptions et Belles-Lettres, ou Classe d'Histoire et de Littérature ancienne de l'Institut.

A PARIS,

Chez Xhrouet, imprimeur, rue des Moineaux, n°. 31;

Déterville, rue du Battoir, n°. 16;

Lenormant, rue des Prêtres-Saint-Germain-l'Auxerrois, n°. 42;

Petit, palais du Tribunat, galerie de pierre, n°. 229, près la galerie vitrée.

M DCCC V.

VIE

ou

ÉLOGE HISTORIQUE

DE M. DE MALESHERBES.

Extremum hunc, Arethusa, mihi concede laborem,
Pauca meo Gallo.

VIRG. Eglog. 10ᵉ.

J'AI autrefois écrit, sur les Mémoires que m'a fourni M. de Malesherbes, la vie de son illustre bisaïeul, le premier président de Lamoignon (1), je vais écrire celle de M. de Malesherbes sur les Mémoires de sa famille et sur mes propres connoissances.

Mon motif pour entreprendre dans ma vieillesse ce dernier ouvrage, qui n'a guère pu être fait plutôt, et qu'il n'étoit peut-être pas encore

---

(1) Elle se trouve dans ce volume, à la suite de celle-ci.

temps de faire, est que M. de Malesherbes, dont j'ai cultivé plus de quarante ans l'honorable amitié, m'a toujours paru l'être qui a réuni sur la terre le plus de vertus, de talens, de lumières, de connoissances, d'esprit, de bonté, d'amabilité, de simplicité; et, ce qui n'arrive pas toujours aux hommes les plus parfaits, sa fin a été digne de sa vie.

Chrétien-Guillaume de Lamoignon de Malesherbes, fils de M. le chancelier de Lamoignon, petit-fils de ce président de Lamoignon, l'ami de Boileau et de Racine, qui, étant avocat-général, avoit requis et fait ordonner l'abolition du *congrès*, et à qui Boileau adresse sa sixième épitre :

Oui, Lamoignon, je fuis les chagrins de la ville, etc.

arrière petit-fils, enfin, du premier président de Lamoignon, l'*Ariste du Lutrin*, et dont Fléchier a fait l'oraison funèbre, M. de Malesherbes naquit le 6 décembre 1721. Elevé en partie chez Mme. Roujault, son aïeule maternelle, qui a laissé une réputation désirable d'amabilité et de bonté, il y connut ce célèbre abbé Pucelle, qui conçut pour lui, en le connoissant bien, une affection vraiment paternelle, lui donna toute sa confiance, lui raconta, comme auroit fait le cardinal de Retz, à charge et à décharge, toute l'histoire du grand rôle qu'il avoit joué dans le parlement; il sembloit lui dire par son exemple :

Disce, puer, virtutem ex me verumque laborem.

Il sut lui inspirer un respect filial et une tendre reconnoissance. M. de Malesherbes avoit, sur ce grand magistrat, des anecdotes très-précieuses qu'il tenoit de lui-même.

Il remplit avec distinction son cours d'humanités aux Jésuites, où il eut pour préfet le père, depuis abbé de Radonvilliers, qui, en recevant à l'Académie française, en 1775, son illustre élève, alors parvenu au comble de la gloire, auroit pu tirer un grand parti de cette circonstance, et n'en dit pas un seul mot, je ne sais par quel motif.

M. de Malesherbes s'étoit exercé dans l'éloquence et dans la poésie ; mais toujours sévère pour lui-même et pour lui seul, pénétré de la maxime vraie ou exagérée d'Horace et de Boileau :

Mediocribus esse poetis
Non di, non homines, non concessere columnæ.

Et qu'à moins d'être au rang d'Horace ou de Voiture,
On rampe dans la fange avec l'abbé de Pure.

il renonça de bonne heure à la poésie, et peu

de personnes savent qu'il ait jamais fait de vers.

Il se livra, comme ses pères, à l'étude de la jurisprudence; on pourroit croire qu'elle eut peu d'attraits pour un esprit déjà enrichi des trésors de la littérature, tant ancienne que moderne; mais sa littérature n'étoit ni frivole ni bornée; elle embrassoit le cercle entier des connoissances : cet esprit aussi juste, aussi éclairé qu'il étoit orné, vit, dans les lois, des efforts plus ou moins heureux de la raison humaine, pour assurer la paix des sociétés et procurer le bonheur de l'humanité; un intérêt si touchant pour son âme, l'attacha fortement à cette étude. De là, ces savans ouvrages dont nous parlerons dans la suite, où il raisonne, discute, compare les différentes législations pour en tirer de quoi perfectionner la législation française; le germe de ces grandes vues étoit déjà dans cet esprit précoce; d'ailleurs il a toujours voulu très-bien faire tout ce qu'il a fait; il en avoit les moyens; aussi savoit-il *de tout, et beaucoup et très-bien* (1). Issu d'une famille de magistrats illustres, et destiné comme eux à la magistrature, il ne pouvoit dégénérer de leur

---

(1) *De tout, et beaucoup et très-bien.*
Notez ces trois points-ci, (diroit LA FONT.).

gloire et de leur capacité dans la science qui les a surtout distingués.

Parent de M. le procureur-général, il fut d'abord un de ses substituts; il entra dans cette charge en 1741. Ces charges de substituts de M. le procureur-général, ainsi que celles d'avocats du roi au châtelet, étoient, pour les jeunes magistrats destinés aux grandes dignités de la magistrature, ce que les mousquetaires étoient pour la jeune noblesse militaire; c'étoit une excellente école où ils se formoient aux fonctions de leur état.

M. de Malesherbes fut reçu conseiller au parlement le 3 juillet 1744; et lorsque, dans la suite, M. son père, alors premier président de la cour des aides, fut fait chancelier le 9 décembre 1750, il eut sa charge de premier président de la cour des aides, où il fut reçu le 14 du même mois, y ayant déjà été reçu en survivance le 26 février 1749. Il eut aussi, sous son père, le département de la librairie et de la littérature. Il parvint deux différentes fois au ministère en 1775 et en 1787, et, tant dans les intervalles qu'après avoir définitivement recouvré sa liberté, il vécut en homme privé, en homme de lettres, en savant, en philosophe dans un docte loisir, *docta per otia.*

Nous allons le considérer successivement dans ces différens états, où nous le trouverons toujours juste, toujours simple, grand et bon.

1°. M. de Malesherbes, magistrat, premier président de la cour des aides.

On a imprimé, en 1779, sous le titre de *Mémoires pour servir à l'histoire du droit public de la France en matière d'impôts*, un Recueil in-4°. de ce qui s'est passé de plus intéressant à la cour des aides, depuis 1756, jusqu'au mois de juin 1775. Ce Recueil comprend presque tout le temps où M. de Malesherbes a présidé cette utile compagnie, et c'est un très-beau monument érigé à la gloire du chef et des membres; c'est-là que ces dignes magistrats, et surtout leur respectable chef, se montrent constamment ce que les tribuns du peuple auroient toujours dû être et n'ont jamais été à Rome, défenseurs généreux du peuple, sans aucun retour sur eux-mêmes, sans aucun intérêt, soit de corps, soit personnel; c'est-là que, dans une multitude de remontrances vraiment *respectueuses* autant que courageuses, qui presque toutes sont l'ouvrage de M. de Malesherbes, on trouve d'excellens modèles de l'art de dire la vérité au roi sans dissimulation, sans exagération, sans passion, sans irrévérence, avec une fermeté tranquille, avec toutes les convenances, tous les ménagemens, tous les égards que dictent la prudence et la raison, même envers ceux qu'on est forcé d'attaquer, ou plutôt contre lesquels on est forcé de se défendre; là, tout est exposé, discuté, approfondi; chacun de ces discours est un ouvrage solide sur la matière qu'on y traite; nulle objection n'est ni éludée, ni dédaignée, ni affoiblie; mais la réponse est toujours victorieuse.

On ne reprochera point à la cour des aides, comme on a fait à quelques compagnies de judicature, de montrer plus de zèle pour les droits de leur siége et pour le maintien de leur autorité, que pour les intérêts publics qui leur sont confiés. Si quelquefois cette cour revendique les droits de sa juridiction, c'est en faisant voir sensiblement que l'intérêt public y est attaché, c'est en offrant le sacrifice de ces droits, s'ils peuvent être remplacés d'une manière plus avantageuse pour le peuple, c'est partout le *salus populi suprema lex esto.*

Les événemens qui donnent lieu à ces remontrances jusqu'en 1774 appartiennent au règne de Louis XV, et, il faut l'avouer, les réponses le plus souvent vagues et insignifiantes, quelquefois dures et tyranniques, qui se faisoient au nom du roi à ces remontrances si raisonnées, si raisonnables, annonçoient dans le prince de l'inapplication et de l'insouciance; dans les ministres, de la hauteur, du despotisme, une affectation suspecte à couvrir toutes leurs opérations du voile du mystère; dans leurs préposés et agens subalternes, toutes les petites fraudes de la cupidité, de la bassesse insolente qui se sent appuyée.

Quand le souverain a déclaré ses volontés, qu'il a entendu les représentations des magistrats et qu'il persiste dans ses desseins, l'autorité doit sans doute lui rester; mais alors ses réponses font voir qu'il a entendu et réfuté bien ou mal les objections qu'on lui a faites. Ici M. de Malesherbes, en rapprochant, des objections, les prétendues réponses, prouve que ses remontrances n'ont pas même été lues par ceux qui ont prétendu y répondre; c'est avec une vraie peine qu'on voit repousser ainsi par l'humeur et l'injustice ces discours lumineux, d'où la vérité sort avec éclat de toute part, et dont le ton, non-seulement mesuré, non-seulement respectueux, mais affectueux envers le prince, annonce des sujets non-seulement soumis, mais tendrement attachés à leur maître.

De ces remontrances, quelques-unes ont dû aux conjonctures, à l'importance des objets, à l'intérêt du moment, une célébrité qu'elles méritent toutes par elles-mêmes, et qu'elles auroient toutes obtenue, si des lecteurs frivoles, qui ne lisent que pour s'amuser, c'est-à-dire, presque tous les lecteurs, savoient supporter des détails fastidieux, mais nécessaires, d'aides, de gabelles, de fermes, de petites ou de grandes fraudes dans la perception ou la répartition des impôts. Eh! ne sont-ce pas ces détails qui éclaircissent toutes choses et qui peuvent seuls préserver le peuple, de l'oppression, et cet intérêt n'est-il pas assez touchant?

Il faut que la dilapidation des finances, ce fléau qui renferme tous les fléaux, il faut que cette fureur d'augmenter toujours les dépenses du trône et d'aggraver les charges du peuple, soit une maladie bien inévitable et bien incurable, puisqu'aucun gouvernement n'a su s'en garantir, et qu'un corps national, spécialement chargé de réparer à cet égard tous les désordres, est celui qui les a le plus monstrueusement accumulés, celui qui, *après avoir mis la dette nationale sous la sauvegarde de la loyauté fran-*

çaise, a consommé cette banqueroute, *dont le nom infâme étoit un crime*, cette banqueroute, *qu'on avoit*, disoit-on, *rendue impossible*, dont on avoit été long-temps menacé sous les rois, mais qui n'avoit encore été exécutée qu'en foibles parties (1), qui laissoient quelques ressources aux créanciers frustrés. C'est cependant cet important article des impôts et des dettes, qui marque, de la manière la plus odieuse, l'opposition d'intérêt entre les rois et les peuples, lesquels ne devroient jamais être divisés d'intérêt; c'est cet article qui cause les soulèvemens des peuples, la chute des ministres, quelquefois même le détrônement des monarques, et les plus horribles révolutions dans les gouvernemens de toute espèce; et personne n'y prend garde.

La cour des aides, qui prenoit garde à tout

---

(1) On avoit, à la vérité, en 1770, réduit à moitié les effets royaux qui n'avoient pour garantie *que la parole du roi*, et qu'on regardoit comme des objets d'agiotage; mais on n'avoit porté qu'une légère atteinte aux rentes de la ville, tant perpétuelles que viagères, qui étoient regardées plus particulièrement comme la dette nationale, et les rentes sur les pays d'état n'avoient éprouvé aucune réduction. La grande banqueroute républicaine a tout réduit au tiers *consolidé*.

sur la matière des impôts, n'a cessé de faire la guerre, mais une guerre toujours juste pour la défense du peuple contre les financiers, les traitans, les ministres, les fabricateurs d'impôts, les prévaricateurs en tout genre. Malgré tous ses efforts, les impôts sous Louis XV alloient toujours en croissant; chaque jour voyoit paroître quelque édit, dont le préambule ne parloit que du désir qu'avoit le roi de soulager les peuples, et le dispositif finissoit toujours par les accabler. Les princes du sang venoient faire enregistrer par force, à la cour des aides, ces édits que le roi avoit fait enregistrer par force au parlement, dans ce qu'on appeloit *un lit de justice.* M. de Malesherbes ne s'oublioit pas dans ces occasions; tantôt il disoit à M. le comte de Clermont: « Nous lisons sur votre front la douleur » avec laquelle vous vous acquittez de ce triste » ministère » (séance du 22 *septembre* 1759 ; les séances de la cour des aides ayant été prorogées jusqu'à ce jour); tantôt il piquoit d'honneur M. le comte de la Marche, aujourd'hui prince de Conti, pour l'engager à faire connoître au roi les sentimens de la compagnie, et il lui citoit l'exemple de feu M. le prince de Conti, son père, qui, en 1754, s'étoit employé avec succès pour le retour du parlement, exilé

depuis le mois de mai 1753 : « Peut-être, dit le
» magistrat au prince, serons-nous assez heu-
» reux pour que vous fassiez valoir auprès du
» roi les assurances de notre dévouement à son
» service, et que vous détruisiez les impres-
» sions contraires qu'on a pu lui donner, fonc-
» tions bien glorieuses sans doute, bien dignes
» de votre naissance et de votre attachement
» à la personne du roi, et dignes aussi (qu'il
» me soit permis de le dire) du fils de ce
» grand prince, qui, après avoir commandé
» les armées avec le plus grand éclat, ne s'est
» point cru dispensé dans la paix de travailler
» au bonheur de sa patrie, et a employé son
» crédit auprès du roi, à faire rendre aux ma-
» gistrats la confiance de leur maître, et aux
» lois toute leur vigueur et leur activité ».
(Séance du 31 juillet 1761).

Après quelques séances semblables de princes
du sang à la cour des aides, séances toujours
marquées par quelque édit sinistre, on y vit
arriver, le 17 janvier 1769, M. le duc de
Chartres (dernier duc d'Orléans), alors tout
brillant de jeunesse et de grâces, chargé d'apporter un nouvel édit, plus sinistre encore;
il s'acquitta de sa commission, de l'air leste et
dégagé d'un grand et jeune prince, qui parle

à des robins d'une affaire à laquelle il ne prend aucun intérêt; M. de Malesherbes le força d'en prendre beaucoup par les premières phrases qu'il prononça, et plus encore par le ton pathétique dont il les accompagna.

« Le roi a annoncé lui-même sa volonté sou-
» veraine; la cérémonie la plus auguste et la
» plus redoutable nous a déjà fait connoître
» les ordres que vous venez exécuter.

» Le peuple gémit sous le poids redoublé des im-
» pôts, et, quand il les voit renouveler après plu-
» sieurs années de paix, quand il y voit joindre
» des emprunts onéreux, présentés comme une
» ressource nécessaire, il perd jusqu'à l'espé-
» rance de voir jamais la fin de ses malheurs ».

A ces lugubres paroles, qu'on croiroit imitées de l'enfer du Dante: *Lasciate ogni speranza*, succéda un moment de silence plus lugubre encore; le magistrat détourna ses regards et les tint quelque temps fixés sur la terre, comme Régulus dans le sénat romain,

Virilem
Torvus humi posuisse vultum.

Puis il reprit: « Si notre douleur pouvoit
» être adoucie, ce seroit sans doute par la pré-
» sence d'un prince, l'amour et l'espoir de la

« nation..... Mais, dans ce jour, la joie est trop
» étrangère à nos cœurs, et vous ne trouverez
» parmi nous que du respect et de la conster-
» nation ».

Le jeune prince se disposoit à écouter d'un air distrait, impatient de voir finir la cérémonie, et ne s'attendoit qu'à un discours de formes et qu'à *des phrases blanches*, selon l'usage ; mais, lorsqu'il entendit ce langage d'une douleur véritable, ces accens de la vertu consternée, il parut comme frappé de la majesté de la magistrature ; ses yeux semblèrent se dessiller ; il voyoit, il entendoit un grand homme, organe des lois, fils du chancelier de France, portant un nom respecté, plus respectable encore, par la réunion de l'esprit, du savoir, des talens, des lumières, des vertus ; le prince changea tout à coup de maintien ; ses jambes, négligemment croisées l'une sur l'autre, se décroisèrent ; sa contenance devint celle de l'attention, de l'estime, du respect même et de l'attendrissement. M. de Malesherbes profita de ce mouvement favorable : il avoit cité à M. le comte de la Marche l'exemple de M. le prince de Conti, son père ; il cite à M. le duc de Chartres celui de Henri IV, dont descend toute cette branche d'Orléans : « Henri-le-Grand, de

» qui vous tenez la naissance, a laissé dans les
» registres de cette compagnie des monumens
» bien précieux, qui constatent l'éloignement
» qu'il a toujours eu pour les actes d'autorité
» qu'on emploie aujourd'hui.

» Il doit nous être permis de vous rapporter
» les propres termes de ce grand monarque :
» *Ce sont*, a-t-il dit, *des voies irrégulières,*
» *qui ne ressentent que la force et la vio-*
» *lence.*

» Les sentimens de Henri vous ont été transmis
» avec le sang que vous avez reçu; ils ont été
» cultivés dès vos premières années par les soins
» les plus heureux; faites-les éclater, Monsieur,
» parlez au roi lui-même, faites-lui connoître
» enfin la vraie situation de ce peuple désolé.

» Vos efforts seront secondés et guidés par
» ceux du grand prince qui vous a donné le
» jour; il a été chargé comme vous de faire
» enregistrer les mêmes lois, en présence d'une
» des premières compagnies du royaume (la
» chambre des comptes), et on a cru lire dans
» ses regards, *comme nous osons lire dans les*
» *vôtres*, que la rigueur, dont il étoit obligé
» d'user, coûtoit à son cœur bienfaisant ».

Ces mots : *Comme nous osons lire dans les*
vôtres, auroient été une contre-vérité trop

forte au commencement de la séance; ils étoient devenus l'expression fidèle de la vérité au moment où ils furent prononcés, et ce changement étoit l'ouvrage de M. de Malesherbes.

Cependant l'orage contre les parlemens et les cours souveraines grondoit toujours de plus en plus; il éclata, en 1771, par la destruction des parlemens et autres compagnies souveraines de judicature, sous le ministère et par le ministère de M. le chancelier de Maupeou, dont le père avoit été quatorze ans premier président du parlement de Paris, et qui lui-même l'avoit été cinq ans, et avoit passé, ainsi que son père, toute sa vie dans cette compagnie. Tous deux avoient beaucoup contribué aux sujets de plainte que la cour croyoit avoir contre le parlement; ils l'avoient présidé et dirigé au milieu de troubles qu'eux-mêmes avoient fait naître, et que M. de Maupeou le fils, devenu chancelier, punissoit alors indistinctement sur ses complices et sur ceux qui n'avoient pas voulu l'être. Mais il faut reprendre les choses de plus haut.

Le peuple, privé des états-généraux, qui, en général, avoient fait beaucoup plus de mal que de bien, n'avoit plus, pour le défendre de la surcharge des impôts et des malversations

des

des traitans, que les remontrances des cours de judicature. Louis XIV ôta ce droit de remontrances aux cours; mais M. le chancelier de Lamoignon, l'homme du monde qui savoit le mieux l'histoire du règne de Louis XIV (sous lequel il avoit vécu trente-deux ans, observant tout, dès qu'il avoit eu l'usage de la raison, s'intéressant à tout, et faisant des notes raisonnées sur tout), m'a dit plusieurs fois que ce temps, où le parlement avoit été privé du droit de remontrances, étoit celui où cette compagnie avoit été le plus et le mieux consultée; qu'à la vérité on ne soumettoit point les lois à l'examen tumultueux de ce que les ennemis du parlement appeloient *la cohue des enquêtes*, mais qu'on avoit grand soin de se concerter avec les chefs et les personnages les plus éclairés, les plus expérimentés du parlement, et que, d'après leur avis, on n'envoyoit à la compagnie que des lois qu'elle eût enregistrées sans difficulté, quand même elle n'y auroit pas été forcée. C'est ainsi que les choses se passoient du temps de M. le premier président de Lamoignon, au caractère duquel cet état de paix et de bonne intelligence étoit très-analogue, et du temps de M. le président de Lamoignon, son fils, père de M. le chancelier de Lamoignon.

B

M. le régent, qui avoit intérêt de plaire aux cours, leur rendit ce droit de remontrances ; Louis XV le leur confirma et crut quelquefois s'en être mal trouvé. Ces remontrances dont on le fatigua, parce qu'il y donnoit souvent lieu, n'eurent pas toujours la mesure de celles de la cour des aides, rédigées par M. de Malesherbes ; on y donna même trop de publicité, et le parlement parut quelquefois, non pas soulever le peuple, comme les courtisans l'en accusoient, mais chercher à s'y faire un parti puissant contre la cour, en un mot, à se rendre redoutable, et il y étoit parvenu. On eut aussi à reprocher au parlement de fréquentes cessations de service que la cour des aides ne se permit jamais, et dont le but étoit de forcer la main à la cour et aux ministres, en leur disant : « Vous » m'accorderez ce que je demande, ou je » n'exercerai pas mes fonctions ; le public, » privé de juges et de justice, ne s'en prendra » qu'à vous, et vous forcera bien à me satis- » faire ».

M. de Maupeou le père, et M. de Lamoignon de Blancmesnil, depuis chancelier, se trouvèrent en concurrence pour toutes les grandes places de la magistrature, et, comme on peut croire, ils ne s'en aimoient pas mieux, quoique alliés (1). M. de Maupeou, d'une taille noble et majestueuse, d'une figure superbe, magistrat ignorant, homme aimable, aimé des femmes, avoit par elles du crédit à la cour. C'étoit un point constant dans le grand banc, qu'il n'avoit jamais entendu une seule des affaires qu'il avoit jugées, qu'il s'emparoit au hasard du premier avis qu'il croyoit entendre, en faisant toujours un petit compliment au préopinant, auteur de l'avis quil embrassoit (2). Cependant il prononçoit très-bien les arrêts, c'est-à-dire, avec beaucoup de facilité, quelque longs qu'ils fussent, et avec une fermeté imposante ; mais il falloit souvent en réformer le prononcé, parce qu'il ne se trouvoit pas conforme au jugement de la compagnie, qu'il avoit mal compris. Ses ennemis lui appliquoient ce vers de Phèdre :

O quanta species ! cerebrum non habet.

---

(1) Mme. de Maupeou étoit Lamoignon, sœur de M. de Lamoignon de Montrevault, et descendoit, comme M. de Blancmesnil, du premier président de Lamoignon, mais par M. de Bâville, frère puîné de M. le président de Lamoignon, père de M. de Blancmesnil. Ce dernier (M. de Blancmesnil) étoit oncle, à la mode de Bretagne, de Mme. de Maupeou, petite-fille de M. de Bâville.

(2) *Comme a fort bien dit Monsieur un tel.*

rendu ainsi par la Fontaine :

Belle tête, dit-il, mais de cervelle point.

Il étoit excellent dans les occasions d'éclat, où il falloit de la représentation; à la tête du parlement, c'étoit un superbe général d'armée. Il avoit quelquefois des traits heureux de présence d'esprit et de tact des convenances. A la cour, il savoit faire rendre à sa compagnie tout ce qui lui étoit dû, avec une hauteur et une noblesse qui le faisoient respecter des courtisans. Quelquefois, en désignant les ministres dans des remontrances verbales au roi, il leur faisoit baisser les yeux en les foudroyant d'un regard. Il étoit en tout assez bon homme d'ailleurs, quoi qu'on en ait dit, et capable, dans l'occasion, de procédés honnêtes.

M. de Blancmesnil, son concurrent, avoit au palais les mêmes succès que M. de Maupeou avoit dans le monde. Il avoit été long-temps, avec distinction, avocat général du parlement; et, lorsque, dans la suite, assis au grand banc, il fit les fonctions de président à mortier, il acquit universellement la réputation d'un excellent juge. Il méprisoit, comme magistrat ignorant et comme juge inepte, M. de Maupeou, qui le dénigroit à son tour comme inférieur à lui pour l'usage et le ton du monde, comme un magistrat trop magistrat, comme un homme d'une simplicité trop antique, et d'une vertu qui n'étoit plus de mode.

En 1743, à la retraite de M. le premier président le Peletier, bisaïeul de M. de Rosambo d'aujourd'hui, ils se disputèrent la première présidence; M. de Maupeou, plus connu à la cour, y fut mieux servi, et l'emporta.

Comme il n'avoit ni caractère décidé, ni opinion à lui, il se livra tour à tour, suivant les occurrences, aux Jésuites et aux Jansénistes. Quand il étoit Courtisan et Jésuite, c'étoit, dit-on, le père Griffet qui faisoit, pour M. de Maupeou, les remontrances du parlement; quand il étoit Parlementaire et Janséniste, c'étoit l'abbé de la Bletterie.

Mais, tant que M. le chancelier d'Aguesseau resta en place, et que M. de Maupeou conserva l'espérance de lui succéder dans la chancellerie, il sut maintenir en paix sa compagnie; peu ou point de remontrances, point de contestations avec la cour; tout ce qu'elle envoyoit passoit sans contradiction; le parlement jugeoit tranquillement les causes des particuliers, et se renfermoit dans cette fonction; il poussoit même si loin l'esprit de subordination et l'éloignement pour la popularité, qu'il falloit qu'un inférieur eût plus que raison pour gagner un procès contre un supérieur. La jeunesse, ardente et avide de nouveautés, commençoit à s'ennuyer de ce calme uniforme et à désirer du changement.

M. le chancelier d'Aguesseau donna sa démission le 27 novembre 1750; et M. de Maupeou, accoutumé à voir sa frivolité brillante triompher d'un mérite plus solide, se tint si sûr d'être nommé chancelier, que son secrétaire dit à celui de M. de Blancmesnil, d'un ton d'ironie : « Vous nous avez fait peur, au moins; » on parloit de vous, assez sérieusement ; mais » enfin nous voilà rassurés, et nous vous par- » donnons l'inquiétude que vous nous avez » causée ».

Il s'étoit rassuré trop tôt : M. de Blancmesnil fut nommé chancelier le 9 décembre suivant.

Voici une anecdote que je tiens de M. de Malesherbes, au sujet de cette nomination.

Il y avoit eu, au mois de juillet 1749, un soulèvement des administrateurs de l'hôpital général contre M. l'archevêque de Paris, Christophe de Beaumont, leur président, qui avoit pris sur lui de nommer une Supérieure autre que celle qui venoit d'être élue à la pluralité des voix; l'affaire fit bruit, le parlement s'en mêla; le roi voulut en être instruit, et s'en fit rendre compte par les trois premiers présidens des grandes cours souveraines de Paris (le parlement, la chambre des comptes et la cour des aides), qui étoient aussi à la tête des administrateurs. M. de Maupeou battit la campagne et n'expliqua rien; M. de Nicolaï, d'autant plus timide qu'il étoit fier et sensible, balbutia quelques mots, et ne put achever; M. de Blancmesnil exposa l'affaire simplement et nettement; il satisfit le roi, qui conçut de l'estime pour lui.

Lorsqu'il fut question de nommer à la chancellerie, M. le comte d'Argenson, qui avoit alors la prépondérance dans le ministère, proposa d'abord celui qui réunissoit peut-être le plus de suffrages dans le public, M. Gilbert de Voysins, homme vertueux, magistrat intègre, qui avoit rempli long-temps avec éclat les fonctions d'avocat général au parlement, qui ne brilloit pas moins alors au conseil, et à qui un léger vernis de jansénisme donnoit une grande popularité. Le roi, élevé par le cardinal de Fleury dans de fortes préventions contre le jansénisme, dit: *Oui, c'est un grand magistrat; mais pouvez-vous me proposer un Janséniste pour une telle place ?* — Eh bien!

M. de Blancmesnil? — *Pour celui-là, je n'ai pas d'objections contre lui.* Il fut nommé.

Le parlement devenoit alors turbulent, et il en avoit un prétexte plus que plausible dans les refus de sacremens et les billets de confession. M. le premier président, outré d'avoir manqué la chancellerie, et n'étant pas fâché de donner de l'embarras au nouveau chancelier, ne retenoit plus sa compagnie, et l'incitoit plutôt aux troubles; il s'éloigna des Jésuites et se livra aux Jansénistes; ce qui lui valut une grande faveur dans le peuple : mais il eût mieux aimé la faveur de la cour. Une inconstance naturelle le faisoit flotter entre les deux partis. Je tiens encore de M. de Malesherbes, que les Jésuites avoient le petit machiavélisme de témoigner beaucoup moins de déférence à M. le chancelier son père qu'à M. de Maupeou, parce qu'ils savoient qu'ils pouvoient compter sur le premier, dont les principes étoient fixes et les sentimens durables, et qui, élevé chez eux, leur conservoit une reconnoissance religieuse; au lieu que M. de Maupeou, vrai Protée, étoit toujours prêt à leur échapper.

In aquas tenues dilapsus abibit.

La querelle des billets de confession et toutes les autres querelles nées de celle-là entre le parlement et le clergé, firent exiler tour à tour, d'un côté, le parlement, en 1753, d'abord à Pontoise, puis à Soissons; de l'autre, l'archevêque de Paris, d'abord à Conflans, le 2 décembre 1754, ensuite au fond du Périgord, le 4 janvier 1758. Il fut rappelé à Paris le 21 octobre 1759.

M. de Maupeou, accusé ou soupçonné, tantôt d'avoir vendu sa compagnie à la cour, tantôt d'avoir trahi la cour en faveur de sa compagnie, parce qu'il avoit plusieurs fois varié, comme faisoit alors le conseil du roi lui-même, comme faisoit tout le monde, excepté l'inflexible Beaumont, M. de Maupeou, moitié gré, moitié force, donna sa démission le 1er. octobre 1757.

Il fut remplacé par le sage président Molé, homme de paix, qui, tenant de ses illustres aïeux l'exemple de concilier tout ce qu'un chef de magistrats doit au roi, à sa compagnie, au public, à lui-même, sut maintenir, pendant six années, un calme heureux dans le parlement, et se démit prudemment à la vue des nouveaux orages qui alloient renaître.

M. le chancelier de Lamoignon luttoit depuis treize ans, avec un grand désavantage, n'ayant pour lui que ses services contre le crédit prédominant de la maîtresse régnante, Mme. d'Etiolles, marquise de Pompadour, à laquelle il avoit refusé d'être présenté, disant *qu'il étoit trop vieux pour faire sa cour aux belles dames*, et ne croyant pas que ce fût-là la place du chef de la magistrature. Il n'en fallut pas davantage pour le faire regarder comme dévoué au parti de la reine et de la famille royale, opposé au parti du roi et de la maîtresse. Celle-ci, pour se venger, empêcha le roi de faire M. le chancelier de Lamoignon commandeur des ordres, et l'empêcha aussi, jusqu'à trois fois, de réunir dans la personne de ce magistrat les sceaux à la chancellerie, comme il avoit voulu le faire à la disgrâce de M. de Machault, en 1757; à la mort de M. Berryer, en 1762, et dans une autre occasion encore. Enfin, en 1763, elle obligea le roi d'écrire à M. le chancelier, qui étoit alors à Malesherbes, pour lui demander sa démission. M. de Lamoignon, sentant d'où partoit le coup, et ayant en principe qu'on doit ses services au roi et à l'état, tant qu'on se sent capable d'en rendre, allégua cette raison de devoir pour refuser de se démettre; il eut ordre de rester à Malesherbes. Mme. de Pompadour, que la puissance du parlement faisoit trembler, et qui cherchoit de l'appui contre ce corps, fit rappeler M. de Maupeou, le fit nommer vice-chancelier et garde des sceaux, parce que *des nécessaires de cour* le représentèrent comme un homme plein de ressources, et comme le seul qui pût imposer au parlement qu'il avoit long-temps présidé. Mais cette idée de la grande capacité de M. de Maupeou étoit une grande erreur dont on ne tarda pas à sentir toute l'illusion ; le conseil fut étonné de sa nullité, de son impuissance d'opiner, de sa foiblesse, augmentées peut-être par six ans de retraite et d'inaction, tandis que le président de Maupeou son fils, autrefois son coopérateur dans ses intrigues parlementaires, mais plus habile, plus actif et plus ardent que lui à ce jeu, augmentoit la puissance du parlement de Paris (dont il étoit devenu le chef à la retraite de M. Molé), et par contre-coup celle de tous les parlemens, à un tel point que la cour ne savoit plus que trembler et reculer devant eux, et qu'on lui appliquoit ce vers de Clitemnestre :

Recule, ils t'ont appris ce funeste chemin.

Six mois après avoir renversé M. le chancelier de Lamoignon, Mme. de Pompadour n'existoit plus ; elle mourut à Versailles, le 15 avril 1764, à quarante-deux ans.

Elle n'avoit cessé d'intriguer sourdement, par

des voies souterraines, auprès de ce magistrat, employant tantôt des promesses séduisantes, tantôt des menaces effrayantes, pour l'engager à donner sa démission. Un faux ami, qui, par une apparence d'attachement aux Jésuites, sembloit faire cause commune avec M. le chancelier qui les avoit toujours aimés, vint à Malesherbes; et, après quelques jours passés dans l'intimité, il prit un ton fort grave pour lui dire, comme par un zèle de pure amitié, qu'il craignoit bien que la cour ne se portât contre lui à quelque violence, qu'on ne l'exilât plus loin, qu'on ne supprimât ses pensions s'il refusoit de se démettre; qu'on ne résistoit pas impunément à son roi. Le chancelier reconnut d'abord un émissaire de son ennemie; il entre brusquement avec lui dans le salon, où étoient M. et Mme. de Malesherbes, Mme. de Sénozan, une grande partie de la famille du chancelier: « Mes enfans, leur dit-il, si le roi m'ôtoit mon » traitement, s'il retenoit mes rentes, s'il me » réduisoit à la pauvreté, est-ce que vous ne » me nourririez pas dans ma vieillesse et mes » infirmités »? — Ils tombent à ses pieds. « Eh, » mon père, tout ce que nous possédons n'est-il » pas à vous? avez-vous pu en douter »? — Alors, se tournant vers le donneur d'avis

sinistres : « Vous voyez donc bien, Monsieur,
» dit M. le chancelier, que je n'ai rien à
» craindre, aussi soyez sûr que je ne crains
» rien ».

*Sæviat atque novos moveat fortuna tumultus,
Quantùm hinc imminuet ?*

M. le cardinal de Gêvres, homme vraiment honnête, parent et ami du chancelier, fut chargé aussi de lui parler. D'abord on voulut lui faire entrevoir des rigueurs, des violences. « Je con-
» nois l'homme, dit-il, je ne me charge point
» de vos menaces qui ne feroient que l'affermir
» dans sa résolution ». Alors on fit des propositions avantageuses. « Je ne les lui laisserai
» pas ignorer, dit-il, quoique j'en attende peu
» de succès ». Il parla, déclara sa commission, fit les offres de la cour, qui furent rejetées, comme il l'avoit prévu et prédit ; mais on reconnut le procédé d'un homme franc et loyal, d'un bon parent, d'un véritable ami.

Une maladie inquiétante qu'eut M. le chancelier, en 1768, jointe à son grand âge, le détermina enfin à donner sa démission, lorsqu'on ne la lui demandoit plus, et qu'il pouvoit la donner librement.

Mais quel fut le chancelier nommé sur cette

démission? Ce ne fut pas le vice-chancelier, à qui seul cette démission sembloit devoir être utile; son incapacité étoit trop avérée; ce fut M. de Maupeou le fils, qui renversa le père, en lui faisant donner beaucoup d'argent et un vain titre de chancelier, qui n'étoit plus que pour les contre-seings : en sorte qu'il y avoit trois contre-seings de chanceliers : *chancelier de L.* (de Lamoignon, à qui on avoit conservé son contre-seing); *chancelier de M.* (de Maupeou le père), et *chancelier* tout court, qui étoit le vrai chancelier, M. de Maupeou le fils; ce qui mettoit fictivement deux chanceliers, père et fils, dans la famille des Maupeous.

Le nouveau chancelier, placé à la tête du conseil et du ministère, craignit à son tour les parlemens qu'il avoit rendus si redoutables; il les ménageoit en toute occasion, il les prévenoit par toutes sortes d'avances, et ne se rebutoit point des froideurs dédaigneuses avec lesquelles elles étoient quelquefois reçues; il alla même jusqu'à proposer au conseil de respecter désormais tous les arrêts des parlemens, et de n'en jamais casser aucun; mais, lorsqu'il crut voir que le roi et Mme. du Bari, qui avoit succédé à Mme. de Pompadour, désiroient sincèrement d'être délivrés de ce qu'on appeloit *la tyrannie des parlemens*, c'est-à-dire, des remontrances des cours souveraines et de leur opposition à la dissipation des finances, il ambitionna l'honneur de détruire lui-même son ouvrage, et, défenseur né de la magistrature qui étoit son empire, il voulut en être le destructeur ; c'étoit même pour lui la matière d'une plaisanterie; il disoit publiquement, d'un air gai : *tel jour, j'ouvrirai la tranchée devant le parlement.*

M. de Maupeou et M. de Malesherbes n'étoient point amis; quoiqu'ils n'eussent été en concurrence pour aucune place, M. de Maupeou sentoit confusément qu'un roi qui auroit connu les hommes, ou qui les auroit choisis lui-même, d'après la voix publique, et qui auroit voulu fortement le bonheur du peuple, n'auroit pas balancé entre M. de Malesherbes et lui. La différence des caractères mettoit entre ces deux magistrats la même opposition que la concurrence avoit mise autrefois entre leurs pères. M. de Maupeou ne songeoit qu'à sa fortune, et qu'à augmenter son autorité, sous le nom d'autorité du roi; M. de Malesherbes ne songeoit qu'à faire son devoir, et qu'à remplir toute justice. Toujours prendre le parti du foible, de l'innocent, de l'opprimé, étoit sa loi suprême; l'injustice, l'abus du pouvoir étoit tout ce qui l'irritoit ou l'affligeoit; il pouvoit dire comme Zopire :

> Avant qu'un tel nœud nous assemble,
> Les cieux et les enfers seront unis ensemble.
> L'intérêt est ton dieu, le mien est l'équité,
> Entre ces ennemis il n'est point de traité.

M. de Maupeou avoit peu de moralité; je ne dis rien de trop : M. de Malesherbes étoit l'être le plus moral; il étoit d'ailleurs le plus savant des magistrats : l'excessive ignorance de M. de Maupeou égaloit au moins celle de son père.

M. de Malesherbes étoit supérieur aux gens d'esprit même, par la pénétration, la sagacité, la vivacité, la chaleur et la gaieté du sien; aux savans, par la multitude, la variété, l'étendue, la sûreté de ses connoissances, accrues et embellies par les lumières; et, à la différence de tant de savans que leur savoir accable et absorbe, il avoit tellement converti le sien dans sa propre substance, qu'il s'en jouoit, pour ainsi dire; que son esprit n'en étoit pas plus embarrassé que son corps ne l'étoit de sa masse, qu'on auroit pu croire pesante, mais à laquelle il savoit donner beaucoup de ressort et des mouvemens très-agiles.

M. de Maupeou entendoit les affaires et les expédioit avec facilité; quand il prenoit le mauvais

mauvais parti, il savoit bien pourquoi. Il avoit de l'esprit, pas assez pourtant pour voiler, du moins par un silence prudent, l'excès de son ignorance. Il s'aventuroit quelquefois par la petite charlatanerie de vouloir paroître instruit de choses dont il n'avoit nulle idée ; ce qui le jetoit dans des bévues risibles, et honteuses dans la place qu'il occupoit (1).

---

(1) Nous n'en citerons qu'un trait ; car il en vaut mille. M. le chancelier offroit, à table, un verre de liqueur à quelqu'un qui le refusa. Il insista ; on se rendit en disant : *Envoyez-m'en donc infiniment peu. Oui,* dit le chancelier, *un infiniment petit ; je m'intéresse aux infiniment petits, à cause du chancelier de l'Hôpital, un de mes prédécesseurs* (*). Le chancelier de France n'est pas obligé sans doute d'être initié aux mystères de la géométrie transcendante ; mais il lui est honteux de confondre le chancelier de l'Hôpital avec le marquis de l'Hôpital et le temps de Charles IX avec celui de Louis XIV. Eh ! comment l'esprit peut-il ne pas avertir du danger de parler de ce qu'on ignore ? et où étoit la nécessité d'en parler ? où étoit l'à-propos ? De plus, ce rapport si tiré, si éloigné d'un verre de liqueur avec la géométrie de l'infini, comme il annonce un ardent désir, un pressant besoin de faire illusion, en per-

(*) Le magistrat prit, pour ce coup,
Le nom d'un port pour un nom d'homme.
(La Fontaine).

M. de Maupeou avoit des manières aisées et assez aimables, à la familiarité et au tutoiement près, qu'il se permettoit avec ceux qui ne savoient pas assez l'écarter par un ton de respect et de réserve qui l'avertissoit de se respecter lui-même. Les gens de la cour le trouvoient

---

suadant que l'on connoît les choses dont on prononce les noms!

Cette première faute, si l'on veut lui donner un nom si doux, en a bien entraîné d'autres. M. de Maupeou étoit si content *de cette heureuse rencontre*, qu'il en faisoit part à tout le monde. La première fois qu'il présidoit à l'assemblée du Journal des Savans, laquelle se tenoit à l'hôtel du chancelier et sous ses yeux, et à laquelle M. de Malesherbes avoit présidé treize ans sous Monsieur son père, M. de Maupeou, entendant parler de la géométrie de l'infini, ne put se tenir de raconter son triste *bon mot*. L'abbé Barthélemi, l'homme le plus complaisant et le moins contradicteur, placé en face de M. de Maupeou, sourit d'un air honteux qu'il tâchoit de rendre obligeant, et que M. de Maupeou prit en effet pour approbation; un autre homme de lettres, qui étoit à côté de M. de Maupeou, et qui savoit déjà cette histoire par d'autres voies, emporté par sa candeur, alloit lui dire à l'oreille : *N'achevez pas ce récit; je vous en dirai la raison*. La réflexion le retint; il se dit en lui-même: *En le désabusant, je l'aurai fait rougir; il ne me le pardonnera jamais.*

brillant dans ses audiences; il leur tenoit toujours des propos obligeans, et leur répondoit favorablement sur leurs affaires, quel que dût en être le succès. Un prédicateur-directeur disoit : *Nous surfaisons un peu en chaire; mais nous en rabattons au confessionnal.* De même M. de Maupeou surfaisoit un peu en belles promesses dans les audiences, dont il vouloit qu'on sortît toujours content, et il se réservoit d'en rabattre dans les jugemens.

Au temps de ses renversemens, avant-coureurs des ravages que nous avons vus depuis, pendant qu'on le croyoit occupé nuit et jour de ses projets et inquiet de leur succès, il affectoit de se montrer supérieur aux affaires, et d'avoir beaucoup de temps à perdre.

Les deux corps qu'il avoit le plus à cœur de détruire étoit le parlement de Paris, dont il étoit trop connu, et plus encore peut-être la cour des aides, dont il haïssoit le chef, parce qu'il connoissoit sa supériorité.

Il faut avouer qu'il ne se donna pas la peine de prendre, pour ces destructions, des prétextes du moins plausibles, et que, par exemple, l'affaire de Monnerat, qu'il suscita pour perdre la cour des aides, étoit vraiment odieuse de la part du ministère et de ceux qu'il soutenoit.

Les financiers, dont les contestations contre les contribuables et contre les contrebandiers, étoient du ressort de la cour des aides, avoient un machiavélisme auquel ils étoient assez fidèles. Quand la loi condamnoit le contribuable, ils portoient l'affaire à la cour des aides, sûrs de gagner leur cause. Quand la loi, au contraire, défendoit le contribuable contre l'exacteur, ils portoient l'affaire, par évocation, au conseil, c'est-à-dire, au tribunal intéressé du contrôleur général, presque toujours favorable à celui qui vouloit aggraver le joug de l'impôt, et augmenter le produit de l'imposition. M. de Malesherbes eut à ce sujet de vives et fréquentes guerres à soutenir contre les contrôleurs généraux et autres ministres; il défendit les droits de l'humanité avec un courage, une éloquence, une force de raisonnement qui déconcerta souvent ces m———s, et fit impression sur le conseil.

Le machiavélisme des financiers n'éclata jamais d'une manière plus criante que dans l'affaire de Monnerat. Le 24 avril 1767, un particulier, nommé Monnerat ou Comtois, dit Lafeuillade, marchand forain, du diocèse de Limoges, est arrêté à Paris, par un inspecteur de police, sur la dénonciation d'un espion ; il est conduit au Fort-l'Evêque et mis au secret. Le lendemain, il est transféré, en vertu d'une lettre de cachet, au château de Bicêtre; il est jeté dans un cachot noir où le jour ne pénètre jamais; on lui jette au cou une chaîne, pesant cinquante livres, qui le tient attaché à la muraille. Au bout de six semaines, on le porte, presque expirant, dans un autre cachot un peu moins noir, où il reste encore six semaines; il est mis ensuite dans les cabanons, où il a encore été détenu dix-sept mois.

Quel étoit son crime? On lui fait entendre que c'est la contrebande du tabac; qu'il y a long-temps qu'on le cherche : il proteste et a toujours protesté qu'il n'a jamais fait la contrebande du tabac ni aucune autre contrebande; qu'il n'est point le Comtois que l'on cherche; qu'il y a erreur dans la personne.

Il ajoute, ce qui est évident que, quand il seroit aussi coupable qu'il est innocent, il n'a pas dû être traité avec tant de barbarie; qu'il y a contre les contrebandiers des lois qui ne sont peut-être déjà que trop rigoureuses, et qu'il eût été criminel d'aggraver, quand même on auroit pu le convaincre du délit dont on le soupçonnoit injustement.

Devenu libre, et sachant que c'étoit à la

poursuite des fermiers généraux qu'il avoit été arrêté et traité si cruellement, il se pourvoit contre eux, à la cour des aides, en dommages et intérêts.

Pour donner une idée de ce qu'il avoit souffert, transcrivons quelques lignes des remontrances faites à ce sujet, par la cour des aides et par M. de Malesherbes.

« Il existe dans le château de Bicêtre, des
» cachots souterrains, creusés autrefois pour y
» enfermer quelques fameux criminels, qui,
» après avoir été condamnés au dernier sup-
» plice, n'avoient obtenu leur grâce qu'en dé-
» nonçant leurs complices, et il semble qu'on
» s'étudiât à ne leur laisser qu'un genre de vie
» qui leur fît regretter la mort.

» On voulut qu'une obscurité entière régnât
» dans ce séjour. Il falloit cependant y laisser
» entrer l'air absolument nécessaire pour la vie;
» on imagina de construire sous terre, des pi-
» liers percés obliquement dans leur longueur
» et répondant à des tuyaux qui descendent
» dans le souterrain, c'est par ce moyen qu'on
» a établi quelque communication avec l'air
» extérieur, sans laisser aucun accès à la
» lumière ».

Que les hommes ont d'invention pour la cruauté ! Poursuivons.

« Les malheureux qu'on enferme dans ces
» lieux humides et nécessairement infects
» quand un prisonnier y a séjourné plusieurs
» jours, sont attachés à la muraille par une
» lourde chaîne, et on leur donne de la
» paille, de l'eau et du pain..... Il paroît
» qu'après avoir tiré Monnerat de ce souter-
» rain, qu'il appelle *le cachot noir*, on l'a tenu
» encore long-temps dans un autre cachot moins
» obscur, et que c'est une attention qu'on a
» toujours (parce qu'on est forcé de l'avoir)
» pour la santé des prisonniers, parce qu'une
» expérience qui n'a peut-être été acquise qu'au
» prix de la vie de plusieurs hommes, a appris
» qu'il y avoit du danger à passer trop subite-
» ment du cachot noir à l'air libre et à la lu-
» mière du jour ».

C'est cette indigne affaire que M. de Maupeou, voulant priver Monnerat de la réparation qui lui étoit due, ou plutôt voulant irriter la cour des aides pour se ménager un prétexte de la détruire, a fait évoquer au conseil du roi, comme pour faire retomber sur le roi seul tout l'odieux de cet affreux renversement de toutes les lois de la justice et de l'humanité. La cour des aides réclame contre cette évocation ; son procureur général rend plainte des faits contenus dans la requête de Monnerat : on ordonne des informations. Arrêts du conseil coup sur coup, dont l'un casse et annule la plainte du procureur général, l'autre fait défenses à la cour des aides de suivre la procédure, et ce, *sous peine d'interdiction.* Alors M. de Malesherbes voyant que le despotisme se déclaroit hautement, et avoit juré la perte de la cour des aides, principalement à cause de lui, écrit à M. le chancelier, son cousin, une lettre généreuse, dans laquelle se dévouant pour sa compagnie, et se chargeant personnellement de tout ce qu'elle a fait, il cherche à détourner sur lui seul le ressentiment de M. le chancelier, sans cependant y donner lieu par aucun manque de respect pour sa dignité suprême ; mais il ne dissimule aucun des torts du conseil, c'est-à-dire, du chancelier ; il lui rend compte de l'état où est l'affaire, et lui indique, non pour lui, mais pour sa compagnie, des voies de conciliation et d'accommodement qui restent encore, si le roi, qu'une telle affaire ne peut intéresser, veut absolument être obéi, et ne veut qu'être obéi. M. de Malesherbes se propose d'expliquer verbalement et plus en détail, ses idées à cet égard à M. le chancelier. Il se transporte en effet chez lui, mais inutilement, et tandis qu'on refuse la porte à un magistrat, chef de compagnie souveraine, fils de ce chancelier dont la retraite avoit donné lieu à la nomination de M. de Maupeou; à un proche parent, dont messieurs de Maupeou ne peuvent que s'honorer à tous égards; il voit entrer, comme en triomphe, son adverse partie, l'homme que M. de Maupeou protége contre lui et contre toute la cour des aides, M. de Mazières, fermier général du département de Paris, et à l'instigation duquel Monnerat avoit été arrêté et traité comme nous l'avons vu. Voilà de ces procédés contre lesquels les lois ne peuvent rien, mais contre lesquels s'élèvent tous les usages et toutes les convenances reçues dans la société.

A propos de M. de Mazières, je trouve dans une note des remontrances de la cour des aides, sur cette même affaire, un témoignage trop favorable à des noms, dont un a droit de m'intéresser, pour que je ne m'empresse pas de la transcrire. La voici.

« Feu M. de la Haye qui a long-temps été
» chargé du même département, étoit un citoyen
» vertueux, qui tempéroit, par la douceur de
» ses mœurs, la rigueur des droits qu'il étoit

» obligé d'exercer. Sa mémoire est encore chère
» à beaucoup de citoyens, à qui il étoit utile,
» à plusieurs magistrats dont il secondoit les
» vues patriotiques, à un grand nombre d'ar-
» tistes, dont il encourageoit les talens.

» M. de Cuisy, qui a succédé à M. de la Haye
» dans cette partie, est encore vivant. Personne
» n'ignore qu'après avoir quitté la ferme géné-
» rale, il ne s'occupe plus que des soins cha-
» ritables de l'administration des hôpitaux.

» Du temps de M. de la Haye et de M. de
» Cuisy, les entrées de Paris étoient très-bien
» régies, et on n'enfermoit personne dans les
» cachots de Bicêtre.

» M. de Mazières a succédé à M. de Cuisy ».
(Remontrances de la cour des aides, du 14
septembre 1790).

C'est dans ces mêmes remontrances que se trouve cette phrase qu'on ne peut payer de trop de reconnoissance :

« Personne n'est assez grand pour être à l'abri
» de la haine d'un ministre, ni assez petit pour
» n'être pas digne de celle d'un commis des
» fermes ».

Voilà de grandes et importantes vérités, ex-
primées avec une concision qui en double la
force et l'utilité, et c'est cette utilité et cette

vérité parfaite, qui, bien plus que des déclamations vagues, irritoient les despotes qui faisoient évoquer l'odieuse affaire de Monnerat.

A ces procédés et à ces coups d'autorité, M. de Maupeou joignoit des tours qui avoient plus l'air de niches d'enfans malins que d'artifices qu'un homme d'état, qu'un chef de la magistrature pût se permettre. Par exemple, il mande une grande députation de tous les présidens et de vingt conseillers de la cour des aides à Compiègne, et il choisit le jour où M. le dauphin (depuis roi Louis XVI), Mme. la dauphine et tous les enfans de France retournoient à Versailles avec toutes leurs maisons. Il étoit impossible d'avoir sur cette route des chevaux de poste, et très-difficile de trouver à Paris des chevaux de remise, qui étoient presque tous retenus pour le voyage des princes et princesses, et de leurs maisons. On présuma que M. le chancelier avoit espéré que la députation ne pourroit se rendre aux ordres du roi, et qu'il pourroit (lui) faire passer cette absence pour désobéissance, et en tirer un prétexte de supprimer la cour des aides. Il faut pourtant convenir que le roi, quelques préventions qu'on lui eût inspirées contre cette compagnie, auroit aisément reçu l'excuse de n'avoir pu trouver de chevaux, jointe à la prière d'indiquer un autre jour; qu'ainsi ce jour pouvoit avoir été indiqué sans aucune maligne espérance. Quoi qu'il en soit, le rendez-vous étoit à mardi matin; M. de Malesherbes ne reçut les lettres d'avis que le dimanche; il envoya sur-le-champ retenir sept voitures à quatre chevaux. Il fit partir un valet de chambre chargé de retenir à Senlis des logemens et de faire préparer un grand souper pour toute la députation, le lundi au soir et le mardi au retour, tandis qu'un autre domestique alla commander un dîner à Compiègne pour le mardi matin; et le lundi, avant le départ, M. de Malesherbes donna aussi à dîner chez lui à la députation; il fit seul, malgré la compagnie, tous les frais qu'occasionna cette course, et, par cet excès de diligence et par ces mesures si bien prises et de près et de loin, il déconcerta tous les petits projets que le chancelier auroit pu avoir de nuire à la cour des aides dans cette occasion.

Autre piége évité par M. de Malesherbes. Mandé à Versailles avec deux autres présidens pour le mercredi-saint 27 mars 1771, et chargé d'apporter les feuilles sur lesquelles étoient inscrits un arrêt et un arrêté de la cour des aides, contraires aux opérations de M. de Maupeou, il descendit, rancune tenante, chez ce redoutable ministre. Les cours de judicature entroient dans les vacances de Pâques et ne devoient se rassembler qu'après la *Quasimodo*, ce qui donneroit aux esprits le temps de se calmer sur la radiation qu'on alloit faire de leurs arrêt et arrêté. M. le chancelier demanda à M. de Malesherbes quand il rendroit compte à la compagnie de ce qui alloit se passer. M. de Malesherbes fit entendre que ce compte ne pouvoit guère être rendu qu'à la rentrée. M. le chancelier proposa de rendre ce compte le soir même. M. de Malesherbes lui en fit voir l'impossibilité. — Eh bien ! demain. — Demain, les uns seront à la campagne; les autres occupés de leurs exercices de religion; il seroit trop difficile de les rassembler. — M. de Maupeou en revint à demander que ce fût le soir même, et insista beaucoup sur ce point. Cet empressement singulier fut suspect à M. de Malesherbes : « Vous m'étonnez, lui dit-il, vous qui avez tant » éprouvé, comme moi, que les délibérations » des cours ne sont jamais prises avec plus de » sagesse que quand chacun a eu le temps de » réfléchir, et que la chaleur du premier mo- » ment est amortie ».

Au moment de la séparation, M. le chancelier vint encore à la charge, et dit à M. de Malesherbes, *vous ne voulez donc pas, Monsieur, assembler les chambres ce soir? je crois que vous avez tort.* — « Non, Monsieur, la cour » des aides ne donnera point la scène scanda- » leuse pour le public et peu respecteuse pour » le roi, de tenir, de nuit et aux flambeaux, » une assemblée extraordinaire qui donneroit » à cette affaire une publicité qu'elle ne mérite » pas, et qui seroit capable d'échauffer les » esprits ».

Et c'étoit justement cette chaleur des esprits que M. le chancelier désiroit et espéroit; il se flattoit que, dans ce moment de fermentation, cette précipitation inattendue, l'appareil de cette assemblée aux flambeaux, irritant le dépit qu'exciteroit, dans la compagnie, la radiation injurieuse de ses arrêts, la porteroit à quelque acte de vigueur qu'il pourroit taxer de révolte et de désobéissance. Son parti étoit bien pris de détruire la cour des aides, quelle que pût être la conduite de cette cour, mais il vouloit la casser comme coupable et en la punissant, afin d'avoir un droit apparent de confisquer les charges, au lieu qu'il fut obligé de la supprimer sous de faux et vains prétextes d'économie; mais avec éloge, en louant les magistrats sur *leur zèle éprouvé pour le bien public*, et en leur promettant *les dédommagemens* qu'il reconnoissoit *leur être dûs*. Il savoit bien à quoi aboutiroient ces promesses. Mais la victoire de M. de Malesherbes, dans cette occasion, étoit d'avoir, par une conduite ferme, sage et prudente, enlevé à son adversaire tous les prétextes qu'il cherchoit de sévir contre la cour des aides, et de l'avoir réduit à rendre hommage à la vertu qu'il opprimoit. C'est ainsi, et avec plus de bonheur, que son illustre bisaïeul, M. le premier président de Lamoignon, parvint à détourner de sa compagnie, un piége adroit et un coup terrible, qu'un ministre habile lui préparoit (1).

La disgrâce donne à la vertu un caractère plus auguste, qui force à la révérer sous l'œil même de la tyrannie. Je trouve à la suite du compte rendu par M. le président de Bois-Gibaud, de ce qui s'étoit passé à Versailles le mercredi-saint 27 mars 1771, la note suivante :

« On remarqua avec étonnement, qu'en en-
» trant et traversant les deux pièces qui précè-
» dent le cabinet du roi, où étoient quantité
» de seigneurs, de militaires et de courtisans
» de tout état, tout le monde se rangea en haie
» des deux côtés, et salua ces messieurs avec un

---

(1) Vie de M. le P. P. de Lamoignon, p. 123 de ce vol.

» air de respect, de considération et de cons-
» ternation, qui frappa d'autant plus, que les
» gens de robe sont ordinairement regardés d'un
» tout autre œil à la cour, et que quelquefois
» ils ont assez de peine à entrer, lorsque le roi
» les fait demander ».

Le samedi 6 avril, M. de Malesherbes qui étoit venu passer les vacances de Pâques à Malesherbes, y fut retenu par lettre de cachet, et là, commence son exil, qui n'a fini que sous le règne suivant.

Trois jours après (le 9 avril), M. le maréchal de Richelieu fut envoyé militairement pour supprimer la cour des aides et en chasser à main armée les magistrats, dont l'édit même qui les détruisoit parloit avec tant d'éloges.

Le parlement, attaqué plus tard par M. de Maupeou, avoit été bien plutôt détruit. Il n'en avoit coûté au destructeur qu'un petit édit en trois articles, qu'il envoya au mois de décembre 1770, à enregistrer, après avoir pris, dès le préambule, la précaution de rendre l'enregistrement impossible. Il y accusoit le parlement de donner dans un esprit de nouveauté, d'adopter les maximes des nouveaux philosophes; il ne les connoissoit pas, il ne les avoit jamais lus; mais il savoit que, dans les principes du parlement,

parlement, c'étoit lui faire une injure que cette compagnie ne pouvoit ni avouer ni consacrer par un enregistrement. Dans un certain sens, c'étoit peut-être lui faire un peu trop d'honneur; car il faut avouer que, parmi les maximes les plus saines, consacrées par le temps, et non moins vénérables par leur sagesse que par leur antiquité, la magistrature conservoit quelques préjugés et quelques abus dont la philosophie nouvelle auroit pu la corriger. Quelques jeunes gens pouvoient goûter les paradoxes brillans des philosophes; mais les anciens et ceux qui formoient l'esprit général du corps, haïssoient les philosophes et la philosophie, et n'aimoient pas trop les gens de lettres, dont pourtant ils avoient quelquefois besoin. Dans ces dispositions, l'enregistrement étant rendu impossible, le parlement étoit constitué en désobéissance; le piége à la vérité étoit grossier, puisque c'étoit faire des commandemens impossibles, *etiam volentibus et conantibus*. Mais l'idée de rétablir dans son entier, d'augmenter même l'autorité royale, c'est-à-dire, le despotisme ministériel, flattoit si agréablement la cour qu'elle ne s'arrêtoit pas à en critiquer les moyens. Le dispositif de l'édit étoit encore moins susceptible d'enregistrement que le

D

préambule. Le roi devenoit le maître de changer, par sa seule volonté, les lois de son royaume les plus anciennes, les plus respectées, les plus inviolables (1), sans aucune exception, pas même en faveur de la loi salique, par laquelle il régnoit; il n'avoit à craindre aucune réclamation de la part des tribunaux; et, comme il étoit notoire que jamais roi n'avoit eu moins de volonté que Louis XV, il est évident qu'il s'agissoit de la volonté de ses ministres, et, en général, on a remarqué que les rois ne se montrent jamais plus jaloux de leur autorité, que lorsqu'ils n'en ont personnellement aucune et qu'ils ne combattent que pour l'autorité ministérielle.

Le parlement fut cassé et ses membres dispersés, exilés avec les circonstances recherchées de vengeance et de cruauté que tout le monde a sues.

La cour des aides existoit encore alors; elle n'avoit plus, pour ainsi dire, qu'un souffle de vie; elle l'employa, selon sa générosité ordinaire, à venir au secours du parle-

---

(1) Bientôt ils vous diront que les plus saintes lois
Maîtresses du vil peuple, obéissent aux rois,
Qu'un roi n'a d'autre frein que sa volonté même,
Qu'il doit immoler tout à son pouvoir suprême.
(RACINE, *Athalie*).

ment et du peuple ; et, c'est alors que M. de Malesherbes fit ces belles remontrances du 18 février 1771, qui ont été si célèbres et qui lui ont mérité l'amour et les respects de la nation ; elles partagèrent la cour même, et furent également applaudies par les gens du monde et par les gens de lettres.

M. de Voltaire qui avoit des motifs honnêtes de faire sa cour à M. le chancelier, de l'autorité duquel il avoit besoin pour des actes de bienfaisance publique qu'il projetoit, M. de Voltaire essaya de réfuter ces remontrances de la cour des aides ; elles ont triomphé de cette attaque, et ont surnagé à la gloire éternelle de M. de Malesherbes.

Il expia ce succès par trois ans et plus d'exil et de disgrâce ; la veille de l'arrivée de la lettre de cachet qui l'exiloit à Malesherbes, il disoit à ses amis : *dans tant de combats livrés avec tant de désavantage, je n'ai pas encore été blessé*. Cette lettre de cachet fut sa première blessure ; mais une blessure, plus profonde et plus douloureuse, fut la destruction de cette compagnie qu'il avoit si courageusement défendue, et dont il avoit tant augmenté la gloire.

Une douleur, plus vive encore pour lui, fut de voir quelques membres de cette compagnie entrer dans le nouveau parlement que M. de Maupeou venoit de créer avec le secours de M. le duc d'Aiguillon, et plus encore de M. de Boynes (1).

Un grand écrivain a dit au sujet de M. de Catinat, lorsqu'il fut fait maréchal de France (honneur auquel il parut très-sensible, et plus encore au mot de Louis XIV : *c'est bien la vertu couronnée*)! « *Ah! les rois sont grands, sans doute, puisqu'ils peuvent donner cette satisfaction à la vertu* »! Ne peut-on pas dire aussi, au sujet de M. de Malesherbes : *Ah ! les méchans sont redoutables, puisqu'ils peuvent affliger ainsi la vertu?*

M. le chancelier de Lamoignon mourut en 1772, et M. de Malesherbes n'obtint à ce sujet la permission que de passer trois jours sans plus à Paris.

Au reste, dans cette espèce de combat à mort entre M. de Malesherbes et M. de Maupeou, M. de Malesherbes fut blessé, grièvement

---

(1) L'édit de création portoit cette clause dérisoire, que les officiers du nouveau parlement seroient inamovibles, *comme ceux de l'ancien.*

blessé; mais sa vertu finit par triompher de son adversaire. M. de Maupeou, une fois exilé, ne reparut plus à Paris ni à la cour; il obtint quelque estime par la manière dont il soutint sa disgrâce, par la sagesse et la tranquillité avec lesquelles il vécut et mourut dans la retraite.

La victoire à la fin s'étoit déclarée pour la raison et la justice; M. de Malesherbes revint et ramena en triomphe sa compagnie que la tempête avoit dispersée, et dont plusieurs membres n'avoient trouvé d'asile qu'à Malesherbes.

Les discours qu'il prononça dans cette occasion sont du vainqueur le plus généreux et le plus aimable; ils respirent partout la paix et l'humanité, la reconnoissance envers le souverain qui leur avoit rendu justice, l'oubli des fautes, le pardon des injures, l'indulgence pour les foiblesses, la bienfaisance et l'amour du bien public. Tous les cœurs honnêtes en furent attendris jusqu'aux larmes; sa conduite, conforme à ses sentimens, fut la plus forte condamnation de ces compagnies implacables qui fermoient à jamais leur sanctuaire à des hommes estimables, pour les punir d'avoir obéi à la cour dans des circonstances délicates, où l'on pouvoit varier sur l'interprétation des devoirs, et où même les fautes devoient obtenir grâce.

Scirent si ignoscere manes.

La cour des aides fut leur asile.

M. Bellanger, premier avocat général de la cour des aides, fidèle ami de M. de Malesherbes et son digne coopérateur, qui partagea tous ses sentimens, qui seconda toutes ses vues, et dont ce recueil de la cour des aides contient une foule de discours élégans et sensés, en fit un surtout très-adapté aux conjonctures dans ce rétablissement du parlement et de la cour des aides.

« Un roi pacificateur, dit-il, désire effacer
» jusqu'au souvenir des malheurs qu'il vient de
» faire cesser. Loin de nos cœurs toute animosité
» personnelle qui pourroit en rappeler la mé-
» moire : croyons, comme lui, que l'indulgence
» est la plus aimable des vertus, et la paix, le plus
» précieux des biens ».

Langage noble et tendre, et qui plaît surtout dans la bouche d'un magistrat.

M. de Malesherbes, dans les jours de sa gloire, n'oublia pas son ami; son crédit étoit grand alors, et il ne l'employoit qu'à faire du bien; il fit récompenser les travaux de M. Bellanger par une place de conseiller d'état; mais M. Bellanger, affaissé par l'âge bien moins que par les malheurs, accablé de la perte de deux générations nombreuses d'enfans aimables, bien élevés, quelques-uns bien établis, dévoré d'ailleurs de chagrins domestiques qu'il renfermoit dans le fond de son cœur, et qu'il ne se permettoit pas de répandre dans le sein de l'amitié, ne parut pas au conseil du roi tel qu'il s'étoit montré long-temps à la cour des aides; une décadence prématurée le priva par degrés des facultés de son esprit, et ne lui laissa que ses sentimens d'honneur.

Le dernier monument de M. de Malesherbes à la cour des aides a été un ouvrage très-profond et très-détaillé sur la matière la plus importante, celle des impôts, ouvrage composé pour l'instruction du jeune roi Louis XVI, et désiré par lui. Cet ouvrage est sous le titre de *Remontrances de la cour des aides, relatives aux impôts.*

Pour complément de sa victoire, M. de Malesherbes se vit comme forcé d'entrer dans le ministère pour travailler au bien public avec son vertueux ami M. Turgot : telles étoient les prémices du règne de Louis XVI.

La cour des aides, en perdant son cher et illustre chef, eut besoin de générosité pour ne pas s'affliger de la joie universelle. Les regrets les

plus sincères et les plus vivement exprimés, éclatent à travers les applaudissemens; la compagnie reconnoît expressément *qu'elle doit* son rétablissement *et son existence à la généreuse fermeté* de son chef; elle arrête de se transporter *toute entière* à l'hôtel de M. de Malesherbes pour lui faire son compliment, distinction unique, dont il fut convenu qu'on ne tiendroit pas registre, parce que les cours ne vont en corps que chez le roi. M. le président de Bois-Gibaud, en recevant M. de Barentin dans la place de premier président de la cour des aides, lui dit : « Vous venez parmi nous occu-
» per une grande place, et succéder à un grand
» homme...... Vous ne demandez pas que nous
» oubliions le prix que vous venez de nous coû-
» ter; mais vous obtiendrez l'éloge le plus flat-
» teur, en méritant celui d'avoir adouci de tels
» regrets ».

Ceux qui n'aiment pas les états-généraux et qui ne se sont pas bien trouvés des derniers, ont reproché à M. de Malesherbes d'avoir terminé ses fameuses remontrances du 18 février 1771, par demander les états-généraux, et il est vrai que, comme à ce signal donné, tous les parlemens de province qui n'étoient pas encore détruits, toutes les cours souveraines qui existoient encore, firent entendre par échos ce cri d'états-généraux.

Velut agmine facto,
Quà data portà, ruunt, et terras turbine perflant.

Mais il est juste d'examiner dans quelles conjonctures M. de Malesherbes hasardoit cette périlleuse proposition ; c'étoit évidemment en désespoir de cause ; il disoit au roi : « Un seul
» homme, un ennemi du peuple et de la magis-
» trature, règne despotiquement, vous soumet
» vous-même à son joug, et vous ferme l'oreille à
» nos justes réclamations; vous ne voulez en-
» tendre aucune des compagnies auxquelles est
» commis le soin de faire parvenir jusqu'à vous
» la vérité; on vous les a toutes rendues sus-
» pectes. Vous ne voulez entendre non plus ni
» les grands du royaume, ni même les princes
» de votre sang qui ne doivent cependant pas
» vous être suspects. Que reste-t-il donc, sinon
» que vous interrogiez la nation elle-même,
» puisqu'il n'y a plus qu'elle qui puisse être
» écoutée de Votre Majesté ».

Cela est dit sans développement, sans insistance; on peut dire que cela est moins demandé qu'indiqué comme une dernière ressource au défaut de toutes les autres.

Mais il faut avouer que, dans plusieurs des remontrances que contient ce recueil de la cour des aides, on paroît regretter et désirer les états-généraux. Etoit-ce de la part de M. de Malesherbes une simple déférence pour l'avis de la compagnie qui les désirât (1)? ou M. de Malesherbes avoit-il dans la suite, changé d'avis à cet égard, par la considération des mauvaises dispositions qu'il voyoit dans le public ? Je dirai sur cela ce qui est de ma connoissance certaine; c'est que, dans un temps où l'on parloit beaucoup des états-généraux, et où les ministres, au contraire, faisoient la tentative d'établir la cour plénière, M. de Malesherbes, qui n'étoit pourtant pas pour la cour plénière, eut, dans la société et parmi ses amis, deux grandes disputes contre les partisans des états-généraux. Dans l'une, il prophétisa, d'après les dispositions du moment, qui étoient en effet très-mauvaises, toutes les horreurs que nous avons vues s'accomplir; on frémit, on ne put le croire, on jugea que du moins il exagéroit beaucoup. L'événement ne l'a que trop justifié.

---

(1) La cour des aides ayant dû son origine à une assemblée d'états-généraux, pouvoit assez naturellement être bien disposée en faveur de ces assemblées.

Dans l'autre dispute, j'étois acteur, et j'y avois donné lieu, en témoignant, quoiqu'avec des doutes, l'espoir que les états-généraux pourroient faire quelque bien; je me fondois sur des exemples fort rares à la vérité dans notre histoire, où les états-généraux avoient paru concourir au bien avec de bons rois qui les guidoient; M. de Malesherbes reprit par dessous œuvre toute l'histoire des états-généraux, et me fit voir l'illusion de mes foibles espérances, se fondant toujours principalement sur la disposition des esprits, plus mauvaise encore que du temps du roi Jean et de la régence de Charles V, ou du temps de la ligue. Il mettoit surtout dans la discussion de cette affaire, une chaleur qui prouvoit combien il la croyoit importante, et combien il étoit alarmé des maux qu'il prévoyoit. Si donc il avoit jamais été vraiment favorable aux états-généraux, il avoit bien cessé de l'être.

2°. *M. de Malesherbes, directeur de la librairie et de la littérature, homme de lettres lui-même, et auteur de divers ouvrages.*

Ce fut véritablement l'âge d'or des lettres, que le temps où M. de Malesherbes en eut le département sous monsieur son père. Jamais magistrat n'a su, comme lui, traiter d'égal à égal avec les gens de lettres, et ne se montrer supérieur à eux que par l'étendue et la multitude de ses connoissances. Nul n'a mieux su mesurer, sur leur mérite ou leur réputation, les égards qui pouvoient leur être dûs. La société du *Journal des Savans*, que M. le chancelier d'Aguesseau aimoit tant, dont il manquoit à peine une séance, et qu'il recommanda particulièrement à son successeur, eut M. de Malesherbes pour président sans présidence, et ne s'apperçut qu'elle eût changé de chef qu'à un plus grand rapprochement entre le chef et les membres, qu'à une plus grande simplicité dans les manières, qu'à une cordialité pour ainsi dire fraternelle. Voici le témoignage que lui rendoit, dix-huit mois après sa retraite, l'organe de cette société, lorsque les révolutions arrivées dans le ministère, eurent forcé M. de Malesherbes à quitter le Journal des Savans et la librairie, département qu'il ne pouvoit avoir que sous monsieur son père.

« M. de Malesherbes étoit non-seulement
» un chef qui nous honoroit, mais un arbitre
» plein de lumières et de goût, qui nous ins-
» truisoit, qui nous éclairoit; il étoit plus en-

» core, il étoit notre ami, oui, notre ami,
» et ce titre que nos cœurs lui donnent le
» flattera plus que tous les respects dûs à sa
» naissance et à son rang. Quel autre a mieux
» mérité des lettres ? Quel autre les a servies,
» encouragées, récompensées avec plus de
» zèle, de discernement et d'équité ? Quel
» autre surtout a mieux su dispenser aux
» gens des lettres, à proportion de leur mé-
» rite, cette considération et ces égards,
» prix le plus flatteur de leurs travaux, que
» l'ignorance seule est en possession de leur
» refuser; mais dont tant de gens sont ou pro-
» digues ou avares, sans choix et sans conve-
» nance? *Le Journal des Savans* en parti-
» culier lui a des obligations essentielles sur
» lesquelles il nous siéroit mal de nous taire.
» Sa modestie aura beau vouloir rejeter nos
» justes éloges, son cœur généreux ne pourra
» se refuser à la douceur de voir que nous
» sentons le bien qu'il nous a fait; il en jouira
» en nous en voyant jouir, il nous aimera
» sans doute toujours; nous lui sommes trop
» tendrement attachés pour ne pas en être
» bien sûrs, comme il doit l'être de notre
» éternelle reconnoissance »!

M. de Malesherbes courut chez le rédacteur

pour l'embrasser avec des larmes de reconnoissance et de tendresse; c'est ainsi qu'il traitoit avec les gens de lettres.

C'est sous son administration, que la littérature a pris un plus grand caractère d'utilité en s'élevant aux sciences politiques, en produisant une foule de bons ouvrages sur l'agriculture, le commerce, les finances, et, par une suite naturelle, sur diverses branches de l'administration. C'est sous lui, c'est sous ses auspices, qu'a paru le plus beau et le plus vaste monument de notre siècle et de tous les siècles; cette Encyclopédie, dont M. le chancelier d'Aguesseau avoit connu et extrêmement goûté le projet, et qui, selon l'expression du successeur de M. d'Alembert à l'Académie française, « par son étendue, par » la seule audace de l'entreprise, commande » pour ainsi dire l'admiration, même avant de » la justifier ». Les contradictions que ce grand ouvrage a essuyées, tenoient principalement à une intrigue de jansénistes qui vouloient enlever à M. le chancelier et à M. de Malesherbes, l'administration de la librairie, pour l'asservir à leurs préjugés et à leurs passions.

Les ennemis des philosophes ont beaucoup accusé M. de Malesherbes d'avoir été trop favorable à ceux-ci. Il avoit trop de goût, sans doute, pour ne pas mettre les principaux d'entre eux au rang de nos premiers écrivains; mais rien de plus injuste que ce reproche de partialité; jamais homme ne fut plus impartial, ni par conséquent plus tolérant que M. de Malesherbes; je dirois presque, si je l'osois, que l'impartialité dont j'ai toujours entendu tout le monde se vanter, je ne l'ai jamais trouvée toute entière que chez lui ; aussi tous les partis dans leur injustice ordinaire se plaignoient-ils de lui tour à tour. Voyez dans la correspondance de M. de Voltaire des plaintes assez fréquentes et assez amères de ce que M. de Malesherbes ne lui permettoit pas tout, et refusoit d'être un philosophe de secte. Quand les Jésuites furent opprimés, il les plaignit; il les avoit condamnés, quand ils avoient été intrigans et oppresseurs.

Un homme de la cour, chrétien comme on l'est dans le monde, étant à Malesherbes, entendoit dire qu'une femme, d'un nom et d'une vertu respectable, y étoit attendue ; — mais cette femme, dit-il, «n'est-elle pas dévote ? — » Sans doute. — Eh bien! que faites-vous de » cela? — Ce que j'en fais? j'en fais ma plus so- » lide et ma plus chère amie. Les deux meilleures » amies que j'aie au monde, sont deux dévotes, » l'une dévote moliniste, l'autre dévote jansé-

» niste ». Ce n'étoit point une plaisanterie pour repousser et corriger les dédains indévots de l'homme de cour, rien n'étoit plus vrai; ces deux dames, et leur amitié pour M. de Malesherbes étoient fort connues.

Il s'étoit introduit de tout temps dans la littérature un abus qui avoit pour objet de prévenir d'autres abus beaucoup plus grands, c'est la censure des livres. Il n'étoit pas injuste de vouloir empêcher la littérature d'être souillée par des livres impies, indécens, immoraux, cyniques, contraires au gouvernement; mais l'espèce de jurisprudence irrégulière qu'on observoit à l'égard des censeurs, étoit le comble de l'absurdité; les censeurs n'étoient rien, ils n'avoient ni titre, ni brevet, ni aucun caractère public d'existence civile et légale; les tribunaux faisoient profession de ne les pas reconnoître, et de compter pour rien leur approbation; mais ils savoient bien les retrouver et les reconnoître pour sévir contre eux à propos de prétendus délits extrêmement arbitraires dans l'exercice de leurs fonctions. Qu'étoit-ce donc qu'un censeur? c'étoit un particulier, non un fonctionnaire public, à qui le chancelier, magistrat suprême de la librairie et de la littérature comme de la justice, ne pouvant examiner lui-même
tous

tous les manuscrits présentés à l'impression, disoit : « Examinez ce manuscrit, et dites-moi s'il
» ne contient rien qui soit manifestement con-
» traire à la religion et aux lois connues de
» l'Etat ». Si ce particulier, qu'on appeloit censeur, faisoit quelques fautes, soit par négligence, en ne lisant pas ou en lisant mal, soit
par ineptie, en jugeant de travers, dans l'exacte
justice, il n'étoit comptable de sa conduite qu'à
son commettant, qu'à M. le chancelier; et M. de
Malesherbes, toujours juste, pensoit, avec raison, que la seule peine, encourue par cette
faute, devoit être de perdre à cet égard, la confiance de M. le chancelier, puisque cette confiance, par le fait, avoit été trompée; au lieu de
cela, les tribunaux s'emparoient du prétendu
délit, faisoient le procès au censeur, et prononçoient quelquefois des peines, même infamantes,
contre un homme qui n'avoit jamais manqué
à l'honneur ni à aucun devoir positif; tout
devenoit aisément délit dans ce genre, et tout
dépendoit des opinions et de la disposition des
esprits. Si, par exemple, les juges étoient jansénistes, le moindre trait, la moindre plaisanterie
sur le jansénisme devenoit un grand crime, et
l'on s'en prenoit au censeur; si les jésuites se
croyoient attaqués, ils dénonçoient, comme en-

E

nemis de la religion et de l'Etat, l'auteur, le censeur, le libraire, les imprimeurs, etc. C'étoit bien pis, si, à la cour, quelque ministre, quelque homme puissant appercevoit ou soupçonnoit de l'allégorie dans le trait le plus innocent, il n'étoit pas rare alors que l'exil ou la prison expiassent cette *témérité*; il falloit qu'un censeur qui n'étoit souvent qu'un pauvre savant obscur, sans aucun usage du monde, sans aucune connoissance de ce qui s'y passoit, caché au fond du faubourg Saint-Marceau, sût toutes les historiettes, toutes les anecdotes de la cour, toutes les sottises des grands, auxquelles il étoit possible de faire quelque allusion ou prochaine ou éloignée; il falloit qu'il sût tout, qu'il respectât tout, qu'il fît tout respecter; il falloit qu'il eût des yeux de lynx pour appercevoir une allusion où souvent elle n'étoit pas, et lorsque, pendant vingt ou trente ans de ces pénibles fonctions, ils avoient eu le bonheur de ne s'attirer l'animadversion ni de la cour ni des tribunaux, ou de bien purger les manuscrits du poison caché qu'on pouvoit y soupçonner, il arrivoit *quelquefois* qu'on récompensoit leurs longs travaux par une petite pension de 400 liv. Un censeur qui se seroit fait une loi de n'approuver aucun manuscrit, se seroit donné la réputation d'un homme bizarre et difficultueux jusqu'à la déraison, mais il se seroit mis à l'abri de dangers presqu'inévitables pour les approbateurs. N'a-t-on pas été rechercher en 1775, au bout de cinq ou six ans, au fond d'un canonicat éloigné, un ecclésiastique qui avoit approuvé un livre très-innocent à tous égards, où il s'étoit seulement glissé, dans six volumes *in*-8°., deux ou trois phrases qui pouvoient n'être pas parfaitement d'accord avec la rigueur théologique; le Châtelet *voulant*, disoit-il, *venger Dieu*, fit le procès à l'auteur et au censeur, condamna l'auteur au bannissement, et cependant les retint tous deux en prison pendant plusieurs mois; le parlement plus doux, mais non pas plus juste, se contenta d'admonester l'auteur, et d'interdire au censeur les fonctions de la censure; c'étoit, en d'autres termes, leur ordonner d'être infaillibles, et les punir de ne l'avoir point été, ou de ne leur avoir point paru tels.

Il faut pourtant convenir que, pour dérober les censeurs à cette persécution, on leur proposa de ne point imprimer leur approbation, et qu'ils refusèrent cet arrangement qui les mettoit en sûreté; je leur fais grâce ici des misérables raisons sur lesquelles ils appuyèrent leur refus.

Mme. de Pompadour qui craignoit tout, prit l'alarme au sujet de je ne sais quel livre imprimé avec une simple permission tacite, où l'approbation du censeur ne paroissoit jamais, et où, selon l'usage, le frontispice annonçoit toujours une édition faite en pays étranger; c'étoit une espèce de fiction de droit dont personne n'étoit la dupe, et qui paroissoit supposer le principe que tout ouvrage imprimé en France ne pouvoit l'être qu'avec approbation et privilége. L'avantage de ces permissions tacites étoit que la censure pouvoit être un peu moins rigoureuse, et que le nom du censeur restoit un secret entre l'administration et lui; Mme. de Pompadour voulut arracher ce secret à M. de Malesherbes, et savoir quel étoit le censeur du livre qui lui déplaisoit. « Permettez, Madame, lui dit M. de » Malesherbes, que je n'expose pas à votre res- » sentiment un homme qui ne l'a pas mérité et » qui n'a pas excédé les bornes de son minis- » tère. »; Mme. de Pompadour insista, tonna, menaça; M. de Malesherbes fut inébranlable, et Mme. de Pompadour, qui, déjà n'aimoit pas le père, fit aussi au fils l'honneur de le haïr.

J'ai entendu dire à M. le chancelier de Lamoignon que M. le Maréchal de Belle-Isle, étant ministre, avoit proposé de prononcer la peine de mort contre les auteurs, vendeurs et colporteurs d'ouvrages réputés mauvais et dangereux; que (lui, chancelier) s'y étoit opposé fortement, et avoit terminé la dispute par dire d'un ton ferme et décidé : « *Non, Monsieur, on ne se joue point ainsi de la vie des hommes; apprenons à mieux proportionner les peines à la nature et à la gravité des délits* ».

MM. de Maupeou, père et fils, le père alors premier président au parlement, le fils, président à mortier, sollicitèrent et obtinrent, en 1757, une loi portant peine de mort pour des délits d'imprimerie; le prétexte étoit que des écrits séditieux avoient pu provoquer l'attentat du 5 janvier de la même année, tandis que c'étoient des remontrances du parlement, ou un peu exagérées, ou mal entendues et mal interprétées, qui paroissoient avoir échauffé la tête de ce malheureux Damien. M. le chancelier de Lamoignon s'opposa encore de tout son pouvoir à cette loi de sang, et M. de Malesherbes en démontre l'absurdité sur tous les points dans un mémoire manuscrit sur la librairie.

Lorsqu'au moment de la disgrâce de M. le chancelier de Lamoignon, M. de Malesherbes remit la direction de la librairie, qu'il n'exerçoit que sous M. son père; Mme. de Pompadour fit réunir cette commission à la police pour qu'elle fût dans les mains du magistrat qui auroit le plus de moyens de gêner la librairie, et de sévir contre les auteurs et les censeurs dont elle ne seroit pas contente. Cet arrangement peu décent fut changé sous M. le garde des sceaux de Miroménil, qui donna la librairie à M. le Camus de Néville, maître des requêtes, jeune magistrat d'un courage éprouvé dans des temps désastreux, digne successeur de M. de Malesherbes par ce même courage, par son esprit, par ses talens et par des vues favorables aux lettres. Je trouve dans le recueil de la cour des aides tant de fois cité, une note très-honorable pour lui : je la transcrirai avec d'autant plus de plaisir que, dans les relations de travail que j'ai eues avec lui, il m'a toujours témoigné amitié, bienveillance et désir, alors efficace, de m'obliger.

« Au rétablissement de la magistrature au
» mois de novembre 1774, la cour des aides
» demanda au roi, par l'organe de M. de
» Malesherbes, d'accorder à divers conseil-
» lers de l'ancien grand-conseil, les offices de
» conseillers vacans dans ladite cour des aides,
» avec la clause que ces magistrats auroient
» en la cour la même ancienneté qu'ils avoient

» ci-devant au grand conseil. Dans l'intervalle,
» M. de Néville, l'un de ces magistrats, fut
» pourvu d'une charge de maître des re-
» quêtes; mais, voulant profiter de la bonne
» volonté de la cour des aides, il a différé
» de se faire recevoir maître des requêtes,
» quoiqu'il eût l'agrément du roi, et il a
» consenti à ce que quatre autres maîtres
» des requêtes fussent reçus avant lui. Tout le
» monde peut apprécier la grandeur de ce
» sacrifice, et ce n'est pas le seul qu'il ait fait.
» On se rappelle encore avec admiration la
» résistance courageuse qu'il a opposée, à
» l'âge de 22 ans, aux caresses, aux sollicita-
» tions, et finalement au courroux de M. le
» chancelier (de Maupeou) qui avoit jeté les
» yeux sur lui pour en faire un avocat général
» à son parlement; M. le chancelier, pour
» l'abattre, le menaça de lui fermer la porte à
» toutes les charges : *Monseigneur,* reprend
» le jeune homme, *j'ai fait mon calcul, vous
» avez cinquante-cinq ans, j'en ai vingt-
» deux, j'attendrai.* M. de Maupeou, piqué
» de la réponse, lui dit d'un ton menaçant :
» *Monsieur, le roi pourroit bien se fâcher,
» et alors je ne répondrois pas de votre tête.* —
» *Ma tête! Monseigneur,* reprend le jeune

« magistrat, *je la crois plus en sûreté que la
« vôtre.*

« Comme les espérances de la cour des aides
« n'ont pu être réalisées que dans le mois de
« septembre 1775, M. de Néville se détermina
« à se faire recevoir maître des requêtes; mais
« la cour des aides qui le considéroit comme
« un de ses membres, depuis la réclamation
« qu'elle avoit faite de ces magistrats en no-
« vembre 1774, enregistra le 10 mai 1776
« ses lettres de conseiller honoraire en la cour,
« ainsi qu'il suit :

« Ce jour, la cour délibérant sur la requête de
« François-Claude-Michel-Benoît le Camus de
« Néville..... Considérant que l'enregistrement
« des lettres d'honoraire accordées par le roi
« à un magistrat dans une cour où il n'auroit
« jamais rempli de fonctions en qualité de
« titulaire, seroit une innovation contraire
« aux usages; considérant cependant que les
« circonstances seules ont pu priver ledit le
« Camus de Néville de l'honneur qu'il auroit
« eu d'y siéger conformément au vœu de la
« cour, et voulant lui accorder des témoi-
« gnages de son estime et de sa confiance,
« sentimens fondés sur la conduite qu'il a te-

» nue dans des temps orageux, et sur sa fer-
» meté dans les véritables principes de la ma-
» gistrature, dont il a donné des preuves non
» équivoques, a arrêté, etc. »

C'est après cette grande victoire remportée par M. de Malesherbes sur le despotisme ministériel, après le rétablissement des cours, et lorsque M. de Malesherbes étoit devenu l'amour et les délices de la nation, qu'il fut reçu à l'Académie française le 16 février 1775, à la place de M. Dupré de Saint-Maur. Il avoit été nommé honoraire de l'Académie des sciences en 1750, et de l'Académie des inscriptions et belles-lettres en 1759. Il étoit donc des trois grandes Académies de Paris, et nul n'étoit plus digne de ce triple honneur, qui n'avoit été déféré parmi les simples gens de lettres qu'au seul M. de Fontenelle; et, parmi les honoraires qu'à un très-petit nombre d'hommes choisis ; au cardinal de Polignac, si célèbre par l'universalité de ses talens et de ses connoissances ; à l'abbé Bignon, l'ami de tous les savans, et l'organe par lequel le chancelier de Pont-Chartrain répandoit sur les lettres les bienfaits de Louis XIV; à M. le marquis de Paulmy, créateur et possesseur de la plus vaste bibliothèque après celle du roi, et la mieux connue, la plus employée et la plus communiquée par son propriétaire. M. de Malesherbes, j'oserai le dire, honoroit encore cette courte liste.

Quand M. de Malesherbes s'empressa d'envoyer à M. de Voltaire son discours de réception à l'Académie française, où il rendoit à ce grand homme le plus digne hommage peut-être qu'il ait jamais reçu, sa lettre d'envoi commençoit par ces mots : « Permettez, Monsieur, » qu'un homme à qui vous avez daignez faire » le singulier honneur de le réfuter, s'applau- » disse d'être devenu vôtre confrère, etc. »

Cette phrase, dans l'intention de l'auteur, n'avoit pas d'autre sens que celui qu'elle présentoit; c'étoit très-sincèrement que M. de Malesherbes se trouvoit honoré de la peine que M. de Voltaire avoit prise de disputer contre lui; mais M. de Voltaire, connoissant peu M. de Malesherbes, n'étoit pas obligé de deviner toute la candeur de son âme, de deviner que jamais écrit polémique n'avoit pu lui donner d'humeur, encore moins de ressentiment; il crut voir dans ce début de M. de Malesherbes, un reproche enveloppé; il répondit au reste de la lettre avec sa politesse ordinaire, mais il ne dit pas un mot du commencement : il répondit au magistrat, au fils d'un ancien chancelier, à M. de Lamoignon, mais il ne répondit point au confrère et à l'homme de lettres qui s'offroit si franchement à lui. Peut-être conservoit-il lui-même quelque rancune des refus que le magistrat de la librairie avoit quelquefois été obligé de lui faire; mais M. de Malesherbes n'en avoit aucune de la défense de M. de Maupeou, prise contre lui par M. de Voltaire.

M. de Malesherbes fut très-utile aux trois Académies qui l'avoient adopté. J'ai eu le bonheur d'en être témoin dans deux, et quant à la troisième, un secrétaire perpétuel de l'Académie des sciences, homme très-instruit et d'un grand talent, m'a dit qu'à l'Académie on écrivoit souvent à M. de Malesherbes comme à un savant universel, pour le consulter sur les diverses sciences dont cette compagnie s'occupe; que sa modeste réponse étoit toujours : « Je ne sais que ce que » tout le monde sait sur cette partie, qui n'a » point été l'objet particulier de mes travaux; » seulement.... », et ce *seulement* entraînoit toujours une dissertation profonde, méthodique et très-instructive, qui satisfaisoit pleinement l'Académie.

M. de Buffon est doublement Pline, et par ses connoissances en histoire naturelle et par son éloquence imposante et majestueuse : ils ont l'un et l'autre au plus haut degré, ce qu'Horace appelle *os magna sonaturum.* L'œil n'a rien vu, l'oreille n'a rien entendu de plus imposant que M. de Buffon avec sa belle et noble figure, avec sa voix pleine et sonore, prononçant ces phrases sublimes par lesquelles il célèbre les sublimes travaux de M. de la Condamine son ami, en Amérique. C'est avec cette même majesté que son *Histoire naturelle* est écrite. On ne réunit jamais tous les suffrages : Marivaux ne goûtoit pas Molière. Observons, comme une autre anecdote non moins singulière, que M. d'Alembert, soit par la nature de son goût, soit par l'effet de quelque passion, n'aimoit ni la personne ni les talens de M. de Buffon ; ces belles phrases si harmonieuses, si majestueuses, ne lui paroissoient que de l'emphase et de l'enflure. Il n'appeloit M. de Buffon que *le grand phrasier, le roi des phrasiers, le grand modèle des petits phrasiers.* M. de Buffon, instruit de cette aversion de M. d'Alembert, et sachant qu'il exerçoit sur lui le talent singulier qu'il avoit pour contrefaire, le traitoit de singe, et affectoit pour lui un mépris qui ne pouvoit guère être sincère, ou qui du moins auroit été bien injuste. Les hommes de génie seroient trop grands s'ils savoient se respecter les uns les autres.

*Nimiùm vobis humana propago
Visa potens, superi! propria hæc si dona fuissent!*

A travers tous les éloges, tous les honneurs dûs à M. de Buffon, et qu'il a obtenus, on voit que ses plus grands panégyristes, en rendant justice à ses talens, à ses lumières, à ses connoissances, ne le jugent pas irréprochable et ne le regardent pas comme le plus exact des naturalistes. C'est un grand écrivain, un grand peintre en histoire naturelle; mais les physiciens, les observateurs se défient un peu de sa brillante et poétique imagination. L'opinion de M. d'Alembert, portant sur le style même, est sans doute injuste; mais un homme qui fut toujours incapable de la moindre injustice, M. de Malesherbes, pour venger Linnæus et d'autres naturalistes, maltraités par M. de Buffon, a écrit contre les premiers volumes de l'*Histoire naturelle* où ce Pline français, qui n'avoit pas encore assez étudié l'histoire qu'il entreprenoit d'écrire, s'est principalement livré à l'esprit systématique. Dans cet ouvrage (car c'en est un assez considérable), si M. de Malesherbes paroît toujours plein de respect pour le génie et l'éloquence de M. de Buffon, il n'estime pas autant ses systèmes, et l'on ne sait ce qui étonne le plus, ou de la multitude d'erreurs, de contradictions, d'assertions hasardées, de critiques injustes, etc., qu'il relève et rend sensibles dans M. de Buffon, ou de l'immensité des connoissances de M. de Malesherbes dans les diverses parties de l'histoire naturelle; elle étoit la même dans tous les genres de science, d'histoire et de littérature; mais, par un motif plus estimable encore que tant de connoissances, M. de Malesherbes n'avoit pas destiné cet ouvrage à l'impression; jamais il n'eût pu se résoudre à mortifier qui que ce fût, surtout un homme si justement célèbre. Et l'ouvrage, resté plus de quarante ans manuscrit, n'a paru qu'après la mort de tous les deux, par les soins de M. Abeille, qui, dans la préface et les notes, montre aussi des connoissances étendues dans l'histoire naturelle. Au reste, si M. de Buffon n'étoit pas encore un naturaliste, quand il commença son ouvrage, il l'étoit sûrement devenu depuis, et quarante ou cinquante ans de travaux, consacrés à cette science, doivent inspirer plus de confiance pour les parties suivantes de son ouvrage.

On connoît les Mémoires de M. de Malesherbes sur le mariage des protestans. Grâces à lui, nos frères errans furent du moins traités en hommes, en citoyens, en sujets du roi, et, dans la discussion de ces matières délicates, il peut être cité comme un parfait modèle de la douceur, de la modération, des égards qu'on doit conserver dans la dispute; nulle trace de ce faux mépris que les disputeurs affectent pour les objections qu'ils réfutent, de ce ridicule qu'ils aiment tant à répandre sur leurs adversaires, de cette manie de réduire à l'absurde tout ce qui s'écarte de leur opinion. C'est cet éloignement des défauts ordinaires de la dispute, cette recherche de la vérité toujours faite de bonne foi, cette crainte modeste de trop abonder dans son sens, cette parfaite modération enfin, qui caractérise tous les écrits polémiques de M. de Malesherbes. Ajoutons que les droits de la raison, de la justice, de l'humanité, de la vérité, y sont exposés et défendus partout du ton le plus aimable et le plus persuasif, le plus propre à inspirer la confiance et l'intérêt, de manière que, ni un esprit raisonnable ne peut rien opposer à la force de ses argumens, ni une âme sensible résister au charme de la vertu qui se fait sentir dans tout ce qu'il écrit.

Indépendamment de ses ouvrages connus par l'impression, il a laissé plusieurs manuscrits considérables, quoique, par trop de sévérité pour lui-même, il en ait brûlé un grand nombre, et que, par une communication trop facile de sa part, il y en ait eu plusieurs de perdus; trésors à recouvrer, s'ils sont tombés dans de bonnes mains, car ce profond penseur avoit réfléchi sur toute sorte de sujets, et avoit écrit ses utiles réflexions.

Ceux de ces manuscrits existans, qui se rapportent à son administration de la librairie, sont : un *Mémoire sur la librairie* et un *Mémoire sur la liberté de la presse*.

Le Mémoire sur la librairie, a pour objet principal, comme nous l'avons dit, de faire réformer la loi barbare de 1757. « J'en parlai,
» dit M. de Malesherbes, à un de ceux qui pas-
» sent pour y avoir eu le plus de part, et que
» je ne nommerai pas, pour son honneur. Sa
» réponse fut à peu près, qu'il n'y avoit que les
» petits esprits qui entroient dans les petits dé-
» tails; qu'un homme d'Etat, un grand législa-
» teur, intimide le public par des menaces ter-
» ribles, en laissant à des juges sages la faculté
» de modérer la rigueur de la loi suivant les
» circonstances; c'est-à-dire, qu'il faut donner
» aux juges le droit de pendre, de bannir ou
» d'absoudre, suivant les circonstances, suivant
» le sentiment dont chaque juge est affecté,
» suivant le caprice du moment, et sans que le
» particulier

» particulier puisse savoir à quoi il s'expose en
» enfreignant la loi, en sorte qu'un étourdi qui
» croira avoir commis une peccadille, parce
» qu'il aura vu un autre étourdi n'être puni
» que par une injonction, se trouvera con-
» damné à mort parce qu'il aura été jugé par une
» tournelle, dont les principes étoient différens
» de l'autre ».

Mais que de haines peuvent exciter des livres, même fort innocens, même utiles ! et où en seroient réduits les auteurs et les censeurs, si l'on écoutoit toutes les plaintes des mécontens, qu'on n'écoute déjà que trop. Voici l'énumération que fait M. de Malesherbes de ces plaintes trop écoutées.

« C'est un crime grave aux yeux d'un géné-
» ral d'armée, d'établir des principes différens
» des siens sur la tactique ».

(J'interromps cette proposition pour l'appuyer d'un exemple, très-analogue. Un censeur a été inquiété pour avoir laissé passer cette phrase banale et devenue proverbe : *Que le soldat français est conduit par l'honneur.* C'étoit le temps où l'on vouloit introduire dans les troupes françaises la peine des coups de plat de sabre, et l'on regarda cette phrase comme une critique indirecte de la nouvelle

F

discipline. Et puis écrivez sous l'empire de la censure.)

M. de Malesherbes poursuit :

« C'est un crime aux yeux d'un fermier géné-
» ral ou d'un banquier de la cour, de proposer
» des systèmes de finance plus simples.

» Aux yeux de beaucoup de seigneurs élevés
» dans les vieux principes, d'écrire pour l'éga-
» lité des conditions, ce qui seroit, suivant eux,
» le renversement des mœurs.

» Aux yeux de presque tous les magistrats,
» de faire des objections contre l'ordonnance
» de 1667.

» Aux yeux de la faculté de médecine, d'é-
» crire pour l'antimoine, pour le pain mollet,
» pour l'inoculation.

» Aux yeux de la faculté de théologie et de
» celle des arts, d'enseigner dans un temps le
» système de Copernic, dans un autre le Car-
» tésianisme, dans un autre de nier les idées
» innées.

» Aux yeux des directeurs de l'opéra, d'écrire
» pour la musique italienne contre la musique
» nationale.

» Aux yeux de tous les artistes, de faire l'exa-
» men des ouvrages exposés au salon.

» Aux yeux de M. de Voltaire et des auteurs de

» l'*Encyclopédie*, de laisser paroître les ouvrages
» de Fréron, de Clément, de Palissot, de Sa-
» batier, etc.

(Est-ce là le langage d'un homme aveuglément dévoué au parti des philosophes)?

» J'atteste, dit encore M. de Malesherbes, que,
» sur tous ces objets, sans exception, j'ai entendu
» faire les plaintes les plus sérieuses, que j'ai vu
» qualifier les livres dont on se plaignoit, d'ou-
» trages punissables, destructifs des mœurs et des
» lois, ou au moins, de répertoires de calomnies;
» et ces plaintes, sans cesse répétées, étoient sou-
» vent faites par des gens très-sensés, et toujours
» appuyées par des autorités très-respectables, je
» dirai même très-redoutables.

» C'est de très-bonne foi, qu'un directeur
» des bâtimens, cédant au vœu unanime du
» corps dont il doit défendre les intérêts, re-
» garde comme calomniateur celui qui a criti-
» qué ses tableaux.

» De très-bonne foi, que les anciens partisans
» de la musique m'ont soutenu que c'étoit un
» crime d'imprimer qu'une actrice chante faux,
» parce que c'est l'attaquer et dans son honneur,
» qui lui est aussi précieux qu'à un général
» d'armée le sien, et dans sa fortune, puisque
» son talent est nécessaire à sa subsistance.

» C'est ainsi de très-bonne foi, que les critiques
» littéraires sont regardées comme des calomnies
» et par l'auteur critiqué et par tous ses amis.

Tout cela rappelle la colère burlesque du docteur Pancrace contre ceux qui disent *la forme d'un chapeau*. « Ah ! seigneur Sganarelle, tout
» est renversé aujourd'hui, et le monde est tombé
» dans une corruption générale; une licence
» épouvantable règne partout, et les magistrats
» qui sont établis pour maintenir l'ordre dans
» cet état, devroient mourir de honte, en souf-
» frant un scandale aussi intolérable que celui
» dont je veux parler ».

Dans le mémoire sur la liberté de la presse, ouvrage profond, et d'une discussion savante, lequel ne pouvoit être fait que par un magistrat qui eût long-temps exercé cette administration et qui en eût pesé tous les avantages et tous les inconvéniens, l'auteur est persuadé que cette liberté s'établira d'elle-même avec le temps par la connivence perpétuelle des acheteurs avec les vendeurs, par la disposition des esprits, par l'opinion publique. Les parens et les amis de M. de Malesherbes savent, en outre, qu'il pensoit que la prohibition excite la curiosité; que l'impression chez l'étranger et le débit clandestin d'un livre lui attirent beaucoup plus de lecteurs; mais il ne croit pas que la liberté de la presse puisse être établie en France, telle qu'elle est en Angleterre, où chacun peut tout imprimer à ses risques, périls et fortunes; mais ces risques ne sont pas grands, parce qu'en Angleterre on ne juge pas l'intention, et qu'il faut que la loi ait spécifié les délits et prononcé expressément la peine de chacun de ces délits pour qu'on puisse être condamné; au lieu qu'en France, l'arbitraire des jugemens, le caprice ou l'exaltation et l'effervescence des juges, la sagacité funeste avec laquelle on pénètre dans l'intention pour la juger et la condamner, ne laisseroient jamais de sûreté aux auteurs; en conséquence, M. de Malesherbes conserve la censure, mais il ne veut pas qu'elle soit forcée; ceux qui voudront se couvrir de cette égide, seront à l'abri de toute poursuite, ce qui sera déclaré par une loi positive, enregistrée; ceux qui refuseront de se soumettre à la gêne de la censure, en seront les maîtres, mais ils n'auront de sûreté que dans une innocence parfaite. Les censeurs n'auront à répondre qu'à l'administration qui les emploie.

Un *Mémoire sur les avocats* fait sentir de quelle utilité est pour le public et pour la défense des malheureux, des foibles, des opprimés, cette extrême liberté des avocats dans leurs plaidoyers et leurs mémoires, liberté qui n'est gênée par aucune censure, parce que l'expédition des affaires en souffriroit. Cette liberté que, dans des propos peu réfléchis, on taxe souvent de licence, qui auroit, dit-on, besoin d'être réprimée, est l'unique sauvegarde des citoyens. Si elle excède les bornes, si elle produit des libelles diffamatoires qui ne soient pas de la cause, ce sont des délits, et il y a des lois et des juges pour les punir ; mais, quand les avocats se renferment dans les limites de leur cause, et n'exercent que les droits d'une légitime défense, loin de vouloir diminuer leur liberté, M. de Malesherbes cherche à l'augmenter et à l'étendre ; il propose pour cela divers moyens. En général, il tend toujours à donner aux juges, aux ministres, aux hommes puissans un juge suprême dans le public, dont les justes arrêts ne sont point dictés par les petites passions qui souvent corrompent les jugemens particuliers.

Que de pures et saines maximes toutes dirigées vers le bien public, toutes tendantes au bonheur de l'humanité, sont répandues dans une foule d'écrits de M. de Malesherbes, dont les uns ont pour objet de développer et de rendre sensibles tous les inconvéniens qu'entraînent les renversemens faits par M. de Meaupeou ; les autres sont des requêtes au roi et des plans raisonnés, combinés, pour le rétablissement du parlement et des cours souveraines. Je remarque, surtout dans un de ces manuscrits, une apologie très-solide de la vénalité et de l'hérédité des charges, où l'auteur appuie de raisons lumineuses les idées contenues dans le *testament politique* du cardinal de Richelieu et dans l'*esprit des lois* sur cet important sujet.

D'autres écrits de M. de Malesherbes sont plus particulièrement relatifs à son ministère.

3°. *M. de Malesherbes, Ministre.*

Il le fut, pour ainsi dire, par lettre de cachet, et fut chargé du département où il se donnoit le plus de ces lettres, afin qu'il ne s'en donnât plus que de justes et d'utiles. M. Turgot, de concert avec M. de Maurepas, avoit écrit à M. de Malesherbes pour le pressentir sur le ministère; il leur témoigna dans sa réponse quelque aversion pour cet état si désiré par ceux surtout qui ne se proposent pas d'y faire le bien, quelquefois même par ceux qui veulent le faire, et M. Turgot en étoit alors un exemple. Aussi ne crut-il pas à l'aversion alléguée par M. de Malesherbes, et il vint un ordre du roi qui enjoignoit à ce magistrat de remplacer M. de la Vrillière dans le département de la cour et de Paris; il ne l'accepta qu'à condition de le quitter promptement; il ne le garda que neuf mois, et il y fit de grandes choses; il vida les prisons d'Etat, où il trouva bien des foux et des imbécilles, qu'une longue captivité avoit rendus tels; il établit et composa d'hommes vertueux un tribunal de famille pour juger, parties ouïes, des cas où les lettres de cachet pouvoient être utiles, même à l'Etat; car détruire brusquement, même les abus, est le plus grand des abus. La théorie savante et cependant très-simple de cet établissement est très-bien exposée dans un *mémoire sur les arrêts de surséance et les sauf-conduits*, qui étoient de même jugés par ce tribunal de famille, et à peu près par les mêmes principes. Cette commission si précieuse, cette société choisie, et qui auroit dû toujours durer, se prescrivit d'abord pour première règle de n'accorder ni arrêt de surséance ni lettre de cachet à la simple pluralité des voix, mais seulement à l'unanimité, ce qui donne lieu à M. de Malesherbes d'examiner dans quels cas la pluralité suffit, et doit seule faire la loi, et dans quel cas, au contraire, l'unanimité est nécessaire. Il n'approuve point, par exemple, qu'en

Angleterre, on exige l'unanimité dans les jurés, et que, « pour les y forcer, on tienne les opi-
» nans enfermés sans boire ni manger, jusqu'à
» ce qu'ils soient convenus d'un avis qu'ils pré-
» senteront comme unanime. Il semble qu'en
» suivant cette règle l'avis qui prévaut n'est
» pas celui du plus grand nombre, mais ce-
» lui des plus obstinés ou de ceux qui ont
» la faculté corporelle de supporter plus long-
» temps que d'autres la faim et la soif..... Cette
» méthode a toujours le grand inconvénient
» qu'elle accoutume des juges, des hommes
» de qui dépend le sort de leurs concitoyens, à
» donner comme leur avis ce qui n'est pas celui
» de leur conscience..... Si on avoit décidé
» que, dans un genre d'affaires où il n'est pas
» nécessaire qu'il y ait un jugement, il n'y en
» aura que lorsque les juges seront unanimes,
» personne ne seroit obligé d'adopter un autre
» avis que le sien ». Pourquoi, au contraire, faut-il l'unanimité pour un arrêt de surséance, ou pour une lettre de cachet? c'est qu'un arrêt de surséance ou une lettre de cachet, sortant de l'ordre commun, peut quelquefois être utile, mais n'est jamais nécessaire.

Tous ces principes, et plusieurs autres, sont entièrement développés dans un grand et profond mémoire sur les ordres donnés au nom du roi. C'est une mine abondante d'idées utiles pour la réformation de la justice. M. de Montesquieu, presque toujours admiré, y est quelfois critiqué par un autre Montesquieu; on y trouve surtout une comparaison très-instructive des principes et des usages de Paris, de Londres et d'Amsterdam, relativement à la police : l'auteur y montre une grande connoissance de l'histoire et des lois des différens peuples, et toujours un zèle égal pour la liberté des citoyens et pour l'autorité des rois.

Mais le public n'a pu savoir tout ce qui étoit dû à M. de Malesherbes de reconnoissance et d'amour pour un *mémoire sur la nécessité de diminuer les dépenses*, puisque l'auteur le termine par observer qu'il doit rester secret, ce qu'il motive ainsi :

« S'il peut produire quelques fruits, il faut
» que ce soit au roi seul qu'on les attribue : si
» l'on ne peut pas persuader le roi des vérités
» qui y sont contenues, il ne faut pas qu'on
» sache qu'elles lui ont été présentées ».

Les ministres même applaudirent à ce mémoire, et sentirent cette nécessité de diminuer les dépenses; le roi le reçut avec bonté : « Je
» sais, dit M. de Malesherbes, qu'il l'a lu avec

» attention, mais il ne m'en a pas parlé depuis ; » je crois qu'il n'entroit pas dans la politique du » premier ministre, que j'eusse aucune confé- » rence particulière avec le roi ».

Peuples! c'est à de telles considérations que vos intérêts sont sacrifiés ! Rois! c'est de cela que vous laissez dépendre le sort des empires !

Au reste, il étoit impossible de dire la vérité au roi avec plus de zèle, de franchise, de respect et d'amour. Ah! si le roi eût osé suivre les mouvemens de son cœur et les avis d'un tel ministre, tout étoit réparé, le *déficit* comblé, les finances rétablies, le peuple soulagé, tous les cœurs contens, le roi heureux du bonheur public, point d'états-généraux, nul factieux n'eût existé ou n'eût osé se déclarer.

Le premier ministre, dont parle M. de Malesherbes, n'étoit plus M. de Maurepas (qui l'avoit été sans en avoir le titre), c'étoit M. l'archevêque de Toulouse, puis de Sens, cardinal de Loménie-Brienne. M. de Malesherbes étoit alors à son second ministère; dès 1776 il étoit sorti du premier et avoit quitté son département selon ses vœux et ses conditions. On avoit voulu en 1776, qu'il servît à faire dans la maison du roi des réformes peut-être nécessaires, mais rigoureuses, et peut-être alors prématurées, parce qu'on n'avoit pas encore essayé si des moyens plus doux ne pourroient pas produire autant d'épargnes. Il conseilla depuis, en 1787, ces mêmes réformes par zèle pour le roi, dans un temps où le *déficit* publié et les engagemens positifs du roi les avoient rendues indispensables. Pour lui, les voies de rigueur n'étoient pas à son usage, il avoit mieux aimé cette première fois (en 1776) quitter le ministère et laisser faire à d'autres ces réformes qu'il pouvoit désirer d'ailleurs comme utiles à l'Etat.

Mais, en 1787, M. le président de Lamoignon, l'aîné de son nom, ayant été fait garde des sceaux, les raisons de convenance et de bienséance que tout le monde sent, et que M. de Malesherbes regarda, dit-il, comme équivalentes à un ordre, le rappelèrent au conseil du roi; mais il y rentra, selon ses vœux, sans département, et n'eut plus de bien à faire que par ses avis : c'est donc à ce second ministère qu'appartient le mémoire sur la nécessité de diminuer les dépenses, monument par lequel il signala sa rentrée au conseil, et qui eût produit le plus grand des biens s'il eût été suivi.

M. de Malesherbes quitta encore le conseil, et du moins l'autorité royale n'a pas péri entre ses mains; il a lui-même consigné par écrit les motifs de sa retraite ; il allègue d'abord son éloignement pour l'état de ministre; il prétend ensuite qu'un magistrat qui s'est distingué en combattant contre les ministres pour les droits du peuple, a tort si, dans la suite, il aspire au ministère, et que le roi a tort de l'y appeler.

Ici, pour la première fois, je prendrai la liberté d'être d'un avis contraire ; je ne vois pas pourquoi un roi vertueux, désabusé des flatteries insidieuses de ses ministres et de leurs suggestions intéressées, reconnoissant la vérité dans la bouche du magistrat qui lui a résisté par devoir, n'appelleroit pas ce magistrat dans son conseil pour le récompenser de l'avoir dite, et pour qu'il continue à la lui dire ; je ne vois pas pourquoi il ne lui diroit pas lui-même comme Assuérus à Mardochée :

> Mortel chéri du ciel, mon salut et ma joie,
> Aux conseils des méchans ton roi n'est plus en proie...
> Viens briller près de moi dans le rang qui t'est dû.

Je suis plus touché des autres motifs allégués par M. de Malesherbes ; il pose en principe que le devoir de ceux qui assistent au conseil est « de faire croire au public qu'ils » approuvent du fond de leur cœur toutes les » délibérations qui y sont prises ».

Mais si, pour approuver ces délibérations, le magistrat, devenu ministre, est obligé de désavouer ou de démentir les principes qu'il a professés toute sa vie avec éclat, il se déshonore. Et comment M. de Malesherbes voyant reprendre les anciens errémens, voyant renaître les coups d'autorité contre lesquels il s'étoit tant élevé, translation du parlement à Troyes, établissement de la cour plénière, suppression ou interdiction d'anciens tribunaux, création de nouveaux; lit de justice tenu au parlement, *séance*, dit-il, *où j'ai eu la douleur d'assister*, comment pouvoit-il persuader qu'il approuvât au conseil ces démarches illégales qu'il avoit tant combattues à la cour des aides ?

M. de Malesherbes n'a vu que, comme particulier, ces *jours mauvais* où il n'y avoit plus ni bien à faire ni mal à empêcher ou à retarder; il a vu les malheurs d'un roi qu'il aimoit, non en ministre, qui n'aime de son maître que son autorité qu'il exerce, mais en ami tendre et sincère, charmé de ses vertus et prêt à lui sacrifier sa vie. J'observerai, à cette occasion, que les ministres reconnus pour les plus vertueux et les plus éclairés du conseil, ont tous eu pour la personne de Louis XVI une véritable tendresse. Je puis citer ceux que j'ai connus : M. de Malesherbes, M. Turgot, M. de Fourqueux.

4°. *M. de Malesherbes, simple particulier.*

Devenu libre, M. de Malesherbes se livra entièrement aux lettres qu'il avoit toujours cultivées au milieu de ses plus importantes occupations.

Primùm dulces antè omnia Musæ.

Il cultiva ses jardins, y rassembla les plantes éparses dans les climats divers.

> Voyez dans ces jardins, fiers de se voir soumis
> A la main qui porta le sceptre de Thémis,
> Le sang des Lamoignon, l'éloquent Malesherbes,
> Enrichir notre sol de cent tiges superbes.
> (Delille).

Il médita sur les lois, il proposa d'utiles réformes, qui, ne coûtant rien à personne, n'affligeoient point sa sensibilité et la satisfaisoient même par le bien qu'elles pouvoient produire et qu'elles produisirent quelquefois.

Me seroit-il permis de m'ériger ici en un autre Lælius de cet autre Scipion, *quo nemo elegantiùs negotiorum intervalla otio dispunxit*, moi, son admirateur et son ami constant, le compagnon le plus assidu de sa retraite, qui, tant qu'a duré son exil et celui de son père, et celui de son gendre (car l'exil fut le prix de la vertu dans les dernières années du règne de Louis XV), les ai à peine quittés pendant les momens que je ne pouvois, sans prévarication, dérober à mes devoirs? Me seroit-il permis de me mettre, pour ainsi dire, en scène avec cet ami respectable, de m'égarer dans de si doux souvenirs, de me rappeler ces conversations instructives et délicieuses, ces promenades solitaires dans les bois de Malesherbes? Oserai-je dire que j'en ai tiré trop peu de fruit sans doute, mais peut-être encore plus que des séances même de ces corps illustres auxquels j'ai eu l'honneur d'appartenir? C'est qu'à l'ombre de ces bois, au bord de ces eaux, l'esprit étoit plus en liberté, l'instruction s'y déguisoit sous la forme d'un entretien familier, d'une discussion amicale, d'un épanchement presque fraternel; quelquefois d'un simple amusement, d'un badinage. Combien je le consultois! avec quelle avidité je l'écoutois! Combien de fois lui ai-je redemandé des récits que je craignois de n'avoir pas retenus, et que je ne redemandois que parce que je m'en souvenois.

Iliacosque

Iliacosque iterùm demens audire labores
Exposcit, pendetque iterùm narrantis ab ore.

Combien souvent ces entretiens commencés à table, et auxquels on ne pouvoit s'arracher, se prolongeoient bien avant dans la nuit !

O noctes cænæque Deûm !

Combien souvent échauffé par son génie, instruit par ses vastes connoissances, éclairé par ses lumières, me suis-je écrié, dans des transports de reconnoissance et de plaisir :

L'amitié d'un grand homme est un bienfait des dieux.

Aujourd'hui même qu'il n'est plus, il me semble que le reste de ma vie est encore embelli par le souvenir de son amitié, et je sens toute la vérité de ce sentiment délicat de Lælius, condamné à survivre à Scipion :

Sed tamen recordatione nostræ amicitiæ sic fruor, ut beatè vixisse videar, quia cum Scipione vixerim.

J'ai dû cette précieuse liaison, ce grand présent du ciel, ce rare bonheur, répandu sur près de cinquante ans de ma vie, à un homme dont la mémoire me sera aussi toujours chère et respectable, à M. Trudaine, évêque de Senlis, prélat, dont l'aménité parfaite retraçoit celle des Fénelon et des Bussy-Rabutin (évêque de Luçon), et que

G

les charmes de sa société avoient fait mettre au rang de ces hommes privilégiés, qu'on appela quelque temps dans le monde *les dieux de la bonne compagnie.* Son indulgente vieillesse daigna m'accueillir au sortir de l'enfance; il se fit un plaisir de m'introduire sous ses auspices dans ce monde où il avoit long-temps su plaire, et d'où il alloit sitôt sortir. Je l'ai perdu un des premiers jours de l'an 1754.

Dies.... quem semper acerbum,
Semper honoratum (sic Dii voluistis) habebo.

Et ce n'est pas le seul lien qui m'ait attaché à ce nom respectable de MM. Trudaine.

M. de Malesherbes dans l'intervalle de ses deux ministères avoit voyagé pour ajouter toujours à ses connoissances, et, lorsqu'il étoit rentré au conseil, il y avoit porté, outre le fruit de ses méditations sédentaires, celui des connoissances acquises dans ses courses sur les lois et les usages des différentes nations ;

Qui mores hominum multorum vidit et urbes.

C'est dans ces voyages que, gardant toujours *l'incognito*, il lui arriva plusieurs fois, comme à Germanicus, de jouir de sa renommée et d'entendre son éloge dans des bouches non suspectes.

Le public a su dans le temps l'aventure que voici : M. de Malesherbes trouva, dans une auberge en Bretagne, deux jeunes officiers qui se rendoient à un camp qu'il y avoit alors auprès de Brest; ils s'entretenoient d'histoire naturelle; M. de Malesherbes qui, comme nous l'avons vu, s'en étoit beaucoup occupé, dit et motiva son avis sur la question proposée. Les jeunes gens parurent d'abord étonnés qu'un gros homme, dont l'extérieur n'avoit rien d'imposant, se mêlât ainsi dans leur conversation; mais ils en savoient assez pour sentir qu'il en savoit plus qu'eux et qu'il venoit de les instruire; ils l'invitèrent à déjeuner avec eux. La conversation tomba sur M. de Malesherbes et sur sa sortie du ministère. Ces deux officiers l'exaltèrent à l'envi, comme le ministre le plus désirable et le plus regrettable que la France eût jamais eu. Leurs éloges mirent M. de Malesherbes dans la même situation, où Henri IV se trouve chez le meûnier Michau, quand la froideur modeste avec laquelle il parle *de ce bon roi*, le fait soupçonner d'être un *de ces anciens ligueux*. « Messieurs, leur dit-il, personne ne connoît
» mieux que moi M. de Malesherbes ; c'est un
» fort honnête homme, il a les intentions les
» plus pures, mais il n'est pas propre au minis-

» tère ». A ces mots, le gros homme perdit les trois quarts de sa considération dans l'esprit des assistans. Sans aucun égard pour sa décision, les éloges de M. de Malesherbes redoublèrent, et ses panégyristes déclarèrent que leur plus grand regret étoit de ne l'avoir jamais vu et de ne le pas connoître. — « Messieurs, il n'est peut-être » pas aussi loin d'ici que vous pourriez le penser, » car je sais qu'il doit être en route pour aller » voir M. de Montboissier son gendre, au camp » devant Brest ». Ici on se reprend de quelque intérêt pour le gros homme, qui avoit mal parlé, mais qui connoissoit si bien M. de Malesherbes et ses entours, et qui donnoit l'espérance de le voir.—« Ah ! si vous pouviez le rencontrer » et nous le faire connoître !—Messieurs, vôtre » curiosité le flatteroit beaucoup, mais ne l'é- » tonneroit pas moins. — Il n'y a rien que nous » ne fissions pour la satisfaire. — Nous n'irons » pas loin pour cela ; recevez ses remerciemens » de vôtre obligeante illusion sur son compte, » c'est lui qui a l'honneur de vous parler.— » Ah ! nous aurions dû le deviner, lui seul pou- » voit parler de lui-même avec cette injuste et » excessive modestie ». Les nouveaux amis se donnèrent rendez-vous, d'abord au camp, puis à Paris, où une amitié commencée sous de si heureux auspices, fut cultivée de part et d'autre avec soin.

M. de Malesherbes avoit en effet une modestie un peu excessive et des scrupules qui n'appartenoient qu'à lui ; par exemple, il ne se permettoit jamais de donner son suffrage aux Académies dans les assemblées d'élection, parce qu'il jugeoit que les honoraires n'assistant pas assiduement aux assemblées ordinaires, et ne connoissant pas assez le vœu de la compagnie, risquoient d'opiner contre ce vœu. On dit qu'en effet (et M. de Malesherbes avoit pu le voir), à l'Académie des sciences, les simples académiciens ne voyoient pas de bon œil, les jours d'élection, la salle se remplir d'honoraires, ce qui leur faisoit toujours soupçonner quelque cabale de la cour en faveur du moins digne des concurrens ; ils appeloient parodiquement les cordons bleus du banc des honoraires *les Cordeliers*, par allusion à la plaisanterie de Pascal :
« Nous ferons venir (en Sorbonne) tant de
» Cordeliers, tant de Cordeliers, que nous l'emporterons ; parce que, disoit-il, il est plus
» aisé de trouver des Cordeliers que des raisons ».

Je n'ai jamais rien vu de semblable dans les dispositions de l'Académie des belles-lettres ;

mais ce scrupule, chez M. de Malesherbes, n'a jamais cédé à aucune considération, pas même aux intérêts de l'amitié; c'étoit chez lui un principe, et on ne lui faisoit pas plaisir de le presser sur cet article.

M. de Malesherbes, dans sa retraite, ne perdoit jamais de vue les intérêts des Académies où il n'alloit plus. Il vivoit et avoit résolu de vivre à la campagne; il avoit d'ailleurs le besoin de dormir après son dîner, et c'étoit précisément l'heure des Académies; mais, s'il paroissoit peu depuis quelque temps dans ces savantes compagnies, il s'occupoit toujours d'elles et les servoit de loin; il voyoit depuis long-temps avec peine, le banc des honoraires, tant à l'Académie des belles-lettres qu'à l'Académie des sciences, se remplir de ministres éphémères, qui, sortant du conseil presque aussitôt qu'ils y étoient entrés, n'étoient plus pour les Acacadémies ni une décoration ni un appui; il auroit voulu les remplir d'honoraires toujours grands par eux-mêmes, c'est-à-dire, par leur naissance et par de grandes charges à la cour, et dont le crédit eût plus de consistance.

« Il est reçu, disoit-il, dans un excellent Mé-
» moire, qui est resté entre mes mains, il est
» reçu, je ne sais pourquoi, que, lorsqu'un

» ministre se présente pour une de ces places
» d'honoraires dans les Académies, les autres
» concurrens se retirent, comme si c'étoit un
» droit de charge. M. de Beauvau lui-même,
» qui me paroîtroit ne devoir se retirer pour
» personne, est depuis long-tems désigné pour
» l'Académie des belles-lettres, et s'est retiré
» déjà deux fois par politesse pour deux mi-
» nistres ».

Pour remédier à cet inconvénient, et pour assurer enfin M. le prince de Beauvau à l'Académie des belles-lettres, M. de Malesherbes, toujours prêt à se sacrifier, demandoit à se retirer pour laisser deux places vacantes, l'une à l'Académie des belles-lettres, l'autre à l'Académie des sciences; lesquelles seroient remplies, la première, par M. le prince de Beauvau, la seconde, par M. le duc de la Rochefoucauld, qu'il savoit être désirés par ces Académies. Il cite l'exemple de M. Trudaine le père, qui donna de même sa démission pour que son fils fût élu à sa place à l'Académie des sciences; l'Académie demanda de conserver au père sa séance, et même le droit de suffrage; mais c'est ici qu'on va voir M. de Malesherbes tout entier.

« J'avoue, dit-il, que j'espère que le droit d'as-

» sister aux assemblées me sera conservé; il n'y a
» aucun corps dans lequel on ne conserve sa
» séance après vingt ans de service, et il y a
» trente ans que je suis d'une des deux Acadé-
» mies et vingt et un ans de l'autre.

» Cependant je regarderai toujours cela
» comme une faveur de l'Académie, et, si elle
» me la refusoit, et que cependant il fût du
» bien de l'Académie que je me démisse, j'en
» ferois le sacrifice quoiqu'avec bien du regret.

» Mais, quant au droit de suffrage, je pense
» qu'il y auroit un très-grand inconvénient à
» me le donner. Quantité de personnes d'un
» état assez considérable pour n'être pas refu-
» sées, ont de temps en temps des velléités pas-
» sagères de se livrer aux travaux littéraires;
» elles seroient reçues honoraires, et deux ans
» après, se retireroient pour un de leurs amis
» qui auroit la même fantaisie; ainsi les suf-
» frages des simples amateurs qui ne sont déjà
» que trop nombreux, le deviendroient beau-
» coup davantage.

» Si l'académie me faisoit l'honneur qu'elle
» a fait à M. Trudaine le père, de demander
» pour moi le droit de suffrage, je le refuse-
» rois expressément, parce que je crois qu'il
» seroit nuisible aux Académies; mais il ne faut

» pas que ce soit moi qui aie l'honneur de ce re-
» fus, il faut que ce soit l'Académie qui fasse sur
» moi l'exemple, et la loi à mon occasion, de peur
» que, dans d'autres circonstances, il ne se trouve
» des honoraires qui disent qu'ils ne sont pas
» obligés d'avoir la même modestie, et qu'ils
» acceptent l'offre que leur fait l'Académie ».

Peut-on se sacrifier plus pleinement et de meilleure grâce au pur amour de l'ordre et au bien général?

M. de Malesherbes, restant à Malesherbes, me remit son mémoire, me chargea de le communiquer à M. le duc de la Rochefoucauld et à M. de Condorcet, secrétaire perpétuel de l'Académie des sciences, alors ami de M. de la Rochefoucauld, à M. le prince de Beauvau, et d'en conférer avec eux, d'en conférer surtout avec M. le duc de Nivernois, qui, par ses liaisons avec M. de Maurepas, son beau-frère, étoit l'homme le plus en état de faire réussir la négociation, ou qui, en tout cas, connoîtroit le mieux les dispositions de ce ministre à cet égard. M. de la Rochefoucauld et M. de Condorcet, que M. de Malesherbes avoit prévenus de son dessein, ne firent aucune objection contre le mémoire que je leur lus. Quant à M. le prince de Beauvau, qui n'étoit prévenu de rien, et qui apprit tout

par la lecture que lui fis aussi du même mémoire, j'avois toujours entendu dire qu'il étoit l'homme de la cour le plus fier, quoique notre confraternité à l'Académie française et ses bontés particulières pour moi, me l'eussent toujours fait voir sous une forme plus douce. Il devoit cette réputation de fierté à sa belle figure, pleine de noblesse et de gravité, à sa taille majestueuse, à une dignité imposante dans son air et dans son maintien, au goût du grand et du beau en toute chose ; on ne savoit pas que cet homme, réputé si fier, étoit le plus modeste des hommes; car la modestie a beaucoup d'affinité avec la véritable grandeur ; il s'humilia, il se prosterna...
« Moi! remplacer M. de Malesherbes vivant!
» Moi, coûter M. de Malesherbes à l'Académie
» où j'entrerois! Non, je n'en ferai rien, je ne
» puis qu'être pénétré de la plus vive recon-
» noissance d'une marque d'estime si glorieuse
» et si touchante de la part de M. de Malesherbes;
» mais en profiter, seroit m'en rendre indigne ».

J'allai cependant trouver M. de Nivernois et lui communiquer le mémoire; le résultat de notre conférence fut que M. de Maurepas, dans ses idées sur les Académies, trouveroit cette proposition bizarre ; que cette retraite d'un ancien ministre pour céder sa place à un grand seigneur, auroit trop l'air d'une leçon faite et d'un exemple proposé aux autres honoraires ex-ministres; que M. de Maurepas, lui-même, pendant le temps de sa longue disgrâce, n'avoit été qu'un honoraire très-inutile à l'Académie; que la grandeur de sa famille tenoit principalement au ministère; M. de Nivernois finit par me dire avec un enjouement familier : « Mon » confrère, nous sommes trop vieux vous et » moi, pour nous exposer et pour exposer M. de » Malesherbes aux plaisanteries de ce caustique » ministre ».

Sur mon rapport, M. de Malesherbes abandonna son projet; il eut la satisfaction de voir entrer M. de Beauvau à l'Académie des belles-lettres et M. de la Rochefoucauld à l'Académie des sciences, sans qu'il lui en coûtât de quitter ses places.

Quelques années après, des affaires plus importantes réclamèrent ses soins. Il apprit dans sa retraite les malheurs et les dangers de son roi; il courut à son secours; tous les cœurs honnêtes ont applaudi à l'empressement généreux qu'il témoigna pour la défense de ce roi opprimé. Lorsque, sans même aller aux voix et encore moins compter ou peser les suffrages, on eut prononcé d'un mot le renversement

d'un trône respecté pendant quatorze cents ans, au milieu même de ces troubles éphémères (1) peut-être inévitables dans tout gouvernement, le roi craignant l'embarras que pouvoit apporter dans l'étiquette, aux conférences du Temple, la considération de ce décret récent, prévint de lui-même ses défenseurs, et leur dit : « Met-
» tez-vous à votre aise, appelez-moi comme ils
» voudront, appelez-moi *citoyen* pour suivre
» l'usage ». Oui », s'écria M. de Malesherbes, attendri jusqu'aux larmes de ce grand abaissement d'une si grande puissance »; oui, je vous
» appelerai *citoyen*, non par aucune considé-
» ration frivole, mais parce que c'est vous qui
» l'avez toujours été véritablement, parce que
» c'est le sentiment le plus cher à votre cœur,
» celui qui vous caractérise éminemment et qui
» vous distingue parmi tant d'autres rois; c'est
» pour avoir été citoyen que vous êtes ici, et
» quand la justice et la raison vous auront re-
» porté sur votre trône, je vous demanderai la
» permission de continuer à vous donner un

---

(1) « *Nous servions alors votre majesté contre le*
» *cardinal Mazarin* », disoient long-temps après, à Louis XIV, de vieux frondeurs, en lui racontant les anciennes folies de la Fronde.

» titre si mérité ». L'univers sait le reste ; l'histoire ne rappellera que trop un jour la mémoire de ces tristes faits, de ce vil plagiat du plus grand crime de Cromwel, dont nos assassins auront toute la honte, sans avoir eu, comme lui, l'infâme mérite de l'invention.

Depuis cet affreux événement, M. de Malesherbes n'attendoit plus, ne souhaitoit plus que la mort.

Invidiâ postquàm superis concessit ab oris,
Afflictus vitam in tenebris luctuque trahebam,
Et casum insontis mecum indignabar amici.
(Virg. En. Lib. 2).

Du reste des humains il vivoit séparé,
Et de ses tristes jours n'attendoit que la fin.
(Racine, *Esther*).

Il manquoit encore aux assassins cette grande victime :

Ne quid inausum
Aut intentatum scelerisve dolive fuisset.

Ils jugèrent avec raison qu'ils n'avoient plus rien à craindre de sa gloire, que la faveur populaire qu'il avoit eue dans un si haut degré, étoit affoiblie par le temps, obscurcie par le ministère ; que le peuple qui oublie tout, ne s'en souviendroit plus ; ils consommèrent impunément ce nouveau sacrilége, le plus exécrable de tous ceux de la révolution, après celui qui avoit profané la majesté royale.

Mais si une politique infernale crut ou parut croire le salut des coupables atachés à la mort du roi, quel intérêt, autre que la soif du sang innocent et l'horreur pour la vertu, pouvoit exiger le supplice de M. de Malesherbes ? A qui sa vie pouvoit-elle nuire ? A qui sa mort pouvoit-elle être utile ? Eh ! qui auroit pu croire, peu d'années auparavant, un seul Français capable de concevoir l'idée d'un tel crime ?

Heu ! cadit in quemquam tantum scelus ! heu ! tua nobis
Cuncta simul tecum solatia rapta, Menalca !

Répétons du moins, pour la consolation de tant d'amis de M. de Malesherbes, qu'il avoit désiré de finir ainsi, et de ne pas survivre au maître, à l'ami qu'il n'avoit pu sauver ; répétons ces beaux vers de la Henriade, qui s'appliquent si naturellement à M. de Malesherbes :

Son nom toujours fameux vivra dans la mémoire,
Et qui meurt pour son roi, meurt toujours avec gloire.

Mais les monstres qui lui assuroient cette gloire surent lui en empoisonner la joie, en l'égorgeant au milieu de sa famille, fille, petite-fille, gendre, sœur, etc. tous immolés ou ensemble ou coup sur coup à de légers intervalles; car, puisqu'il étoit le meilleur des hommes, il falloit bien, dans le code de la scélératesse, que sa mort fût de toutes la plus cruelle et la plus douloureuse.

Tout le monde a su ce mot de Mme. de Rosambo à Mlle. de Sombreuil : « *Mademoiselle, vous avez eu le bonheur de sauver la vie à monsieur votre père* (1), *j'aurai du moins la consolation de ne pas survivre au mien* ».

Des soins assidus et touchans n'ont pas manqué à M. de Malesherbes dans l'ennui et l'abandon de la captivité, et l'ont suivi jusqu'à la mort, c'est tout ce qu'on me permet d'en dire.

Des écrivains vertueux, sans doute, puisqu'ils ont le besoin de célébrer la vertu, se sont hâtés d'écrire la vie de M. de Malesherbes, avant le temps, et sans des instructions suffisantes; n'ayant connu que sa vie politique, et, n'ayant

---

(1) Mlle. de Sombreuil, fille du gouverneur des Invalides, avoit pu, par ses larmes, par la vive expression de sa tendresse pour son respectable père, attendrir et désarmer des assassins ivres de fureur et de fanatisme; mais on n'attendrissoit pas les conventionnels : ceux-ci ont depuis envoyé, de sang-froid, M. de Sombreuil à la mort.

point vécu avec lui (1), ils l'ont voulu peindre tel qu'ils l'ont imaginé; ils ont parlé de Socrate, de Phocion, de Caton, et je m'y attendois bien; mais il n'étoit ni Socrate, ni Phocion, ni Caton, il étoit M. de Malesherbes, et c'étoit une assez belle existence, *tu Marcellus eris*. La vertu de ces graves personnages de l'antiquité donne toujours l'idée d'un peu de rigidité, et toute rigidité étoit non-seulement étrangère, mais entièrement opposée aux mœurs de M. de Malesherbes. On croit dire quelque chose en prononçant le nom de Caton, parce que M. de Malesherbes étoit vertueux; mais il ne l'étoit ni à la manière de Caton le censeur, ni à celle de Caton d'Utique; il étoit l'opposé de l'austérité de l'un et de l'inflexibilité de l'autre; il étoit comme Cicéron l'auroit

---

(1) Je ne confonds point parmi ces écrivains qui ont peint M. de Malesherbes sans l'avoir connu, M. Dubois, auteur d'une très-bonne notice historique sur cet illustre et excellent personnage. Voyez le juste éloge que fait de cette notice l'éditeur des observations de M. de Malesherbes sur l'histoire naturelle de M. de Buffon. M. Dubois (ainsi que cet éditeur, M. Abeille), avoit vécu avec M. de Malesherbes, et sa notice atteste qu'il en avoit vivement senti tout le mérite. Il étoit bien, d'ailleurs, à la source des instructions sur sa personne et sur ses ouvrages.

désiré

désiré de Caton, *ad lenitatem propensior*, et par la même raison, il n'étoit pas non plus Sully, quoiqu'il eût tenté comme lui quelques réformes à la cour. On pourroit plutôt lui attribuer quelque foiblesse, mais une foiblesse aimable et intéressante, qui tenoit à un principe vertueux, la crainte de blesser ou d'affliger. Nous avons dit ce qui l'empêcha toujours de publier l'écrit qu'il avoit composé pour la défense de Linné contre l'éloquent naturaliste Buffon.

S'il falloit absolument comparer M. de Malesherbes à quelqu'un dans l'antiquité, je trouve dans Juvénal un portrait auquel il ressemble beaucoup : c'est celui du doux et gai Vibius Crispus :

> *Venit et Crispi jucunda senectus*
> *Cujus erant mores qualis facundia, mite*
> *Ingenium. Maria ac terras populosque regenti*
> *Quis comes utilior, si clade et peste sub illâ*
> *Sævitiam damnare et honestum afferre liceret*
> *Consilium. . . . . optimus atque*
> *Interpres legum sanctissimus, omnia quanquam*
> *Temporibus diris tractanda putabat inermi*
> *Justitiâ.*

Parmi les modernes, je lui trouve des traits de conformité avec ce célèbre Thomas Morus, chancelier d'Angleterre, sous le règne de Henri VIII, dont l'*Utopie* est le meilleur ouvrage de politique qui eût été fait jusqu'à lui, et ne respire que modération et humanité; qui, comme M. de Malesherbes, saisissoit toujours, avec beaucoup de vivacité et de gaieté, le côté plaisant des objets; qui plaisanta jusque sur l'échafaud, et mourut en homme juste et en vrai sage, pour sa religion et les lois de son pays.

Voici un trait qui ne pouvoit arriver qu'à lui ou à M. de Malesherbes. Un homme riche qui avoit un procès à son tribunal, croyant se le rendre favorable, lui envoya deux flacons d'or, d'un travail recherché. Caton eût tonné contre le corrupteur; Fabricius eût montré ses légumes et eût foulé l'or aux pieds; Sully eût renvoyé les flacons, et s'en seroit vanté dans ses mémoires. Morus ne fit rien de tout cela; il fit remplir les flacons d'un vin exquis, et les remit au commissionnaire, en lui disant: *Mon ami, dis à ton maître que, s'il trouve mon vin bon, il peut en envoyer chercher tant qu'il voudra.* Quel joli badinage! quelle manière aimable de se montrer incorruptible, et de rappeler à son devoir l'homme qui s'en écarte! Voilà bien de la vertu sans faste, une leçon sans humeur, et telle que M. de Malesherbes eût pu la donner.

Dans une de ces vies prématurées de M. de Malesherbes, faite par des gens qui ne l'ont pas connu, on dit qu'il avoit pour *grand-oncle un premier président du parlement de Paris.*

Il faut que l'auteur n'ait absolument consulté personne, et n'ait jamais ouvert une généalogie des Lamoignon. Il y auroit vu, et tout le monde lui auroit dit que M. de Malesherbes étoit arrière-petit-fils du premier président de Lamoignon ; que tous les Lamoignon qui existoient, il y a trente ou quarante ans dans la robe, la branche aînée, dont étoit feu M. de Lamoignon, le garde des sceaux ; la branche de Blancmesnil, dont M. le chancelier de Lamoignon étoit la tige ; la branche de Bâville, dont M. de Montrevault a été le dernier rejeton, tous descendoient en ligne directe du premier président de Lamoignon, homme assez célèbre pour qu'il falût le nommer, et ne pas se contenter de dire vaguement : *un premier président du parlement de Paris.*

« Il partagea la gloire *de Turgot*, et son ho-
» norable *disgrâce* ».

M. Turgot fut en effet disgracié ; M. de

Malesherbes ne le fut pas ; il quitta le ministère, parce qu'il voulut le quitter ; on ne l'eût point renvoyé, et il rentra au conseil, dès qu'il consentit d'y rentrer.

« Il eut, pendant *près de dix-huit ans*, la » direction de la librairie.... A la fin de 1768, » *on lui ôta* cette espèce de magistrature ».

Il ne l'avoit eu que treize ans, depuis 1750 jusqu'en 1763. On ne la lui ôta point ; mais, ne l'ayant que sous M. son père, il la remit quand M. son père fut exilé à Malesherbes, et M. de Maupeou le père fait vice-chancelier en 1763.

Ce que l'auteur dit de M. le chancelier de Maupeou, fils du vice-chancelier, et de ses opérations, est un tissu d'erreurs ; on voit qu'il n'a connu ni les faits, ni les personnages.

Page 32. Il parle *de la liberté obscure et sauvage* de M. de Malesherbes. Que veut-il dire ? Il semble qu'il parle de quelque *jacobin*, ou de Jean-Jacques Rousseau, dont encore la liberté étoit *sauvage*, et n'étoit nullement *obscure*. M. de Malesherbes vivoit beaucoup dans le monde, y étoit très-aimable et très-brillant, ne manquoit à aucun des devoirs de la société, et alloit même bien au delà des devoirs.

Page 63. « *Malesherbes* tenoit *de ses pères* » le château de ce nom ».

Il le tenoit de son père qui l'avoit acheté de messieurs d'Entragues, en 1718. Ce n'étoit point un domaine de ses ancêtres, auquel *il tînt par des souvenirs touchans*, comme le dit l'auteur, qui a mieux aimé deviner que s'informer.

Page 65. Le *prétendu* propos de M. de Malesherbes, sur la *prétendue* préférence qu'il donnoit au nom de *Malesherbes* sur celui de *Lamoignon*, porte entièrement à faux, et ne peut pas avoir été tenu. Il s'appeloit de Lamoignon de Malesherbes, comme M. son père s'étoit appelé de Lamoignon de Blancmesnil; comme M. de Bâville, oncle de M. le chancelier, s'étoit appelé de Lamoignon de Basville; son fils, de Lamoignon de Courson; son petit-fils, de Lamoignon de Montrevault, et tous plus souvent du second nom que du premier, suivant l'usage des anciennes familles, où les cadets laissent assez ordinairement le nom de famille à l'aîné, mais le reprennent dans les actes, en y joignant le second nom.

L'auteur a voulu avoir l'air d'être instruit des anecdotes, même domestiques, concernant M. de Malesherbes et sa famille; et cette prétention mal fondée lui a fait faire une bévue ; il dit que M. le chancelier de Lamoignon avoit la réputation d'un grand mangeur ; il le donne pour un gourmand célèbre. M. le chancelier n'avoit et ne méritoit aucune réputation dans ce genre ; il dînoit bien, mais il ne faisoit que ce seul repas, et n'a jamais connu aucun des inconvéniens de l'intempérance.

Ce que l'auteur attribue ici à M. le chancelier, il peut l'avoir entendu dire vaguement d'un autre homme auquel M. de Malesherbes tenoit de près ; et, comme les personnages dont l'auteur prétend parler ne lui étoient pas connus, il les a aisément confondus. Une vie constamment sobre et réglée a procuré à M. le chancelier de Lamoignon une vieillesse saine et vigoureuse *(mens sana in corpore sano)*, presque sans infirmités, et qu'il a poussée jusqu'à quatre-vingt-neuf ans.

Pages 68 et 69. « Le citoyen de Genève.... » ne se brouilla jamais avec *Malesherbes* ».

Pardonnez-moi : il s'offensa d'avoir trouvé deux ou trois fois la porte fermée, des jours où on ne l'attendoit pas ; et, quelque temps après, il prétendit faire un acte d'un ennemi généreux, et rendre ce qu'il appeloit le bien pour le mal, en lui envoyant un très-joli herbier.

Même page 69. « C'est sans doute dans
» l'*Emile* que *Malesherbes* avoit puisé une par-
» tie de la philosophie pratique *dont il s'ho-*
» *noroit* ».

Non, en vérité, il avoit cette philosophie
pratique long-temps avant qu'*Emile* parût, et
il ne s'en honoroit pas; car il ne s'honoroit et
ne tiroit vanité de rien.

M. de Malesherbes étoit simple dans ses manières et distrait dans ses pensées; la Fontaine
étoit simple et distrait, et cependant il n'y
avoit aucune ressemblance entre ces deux
hommes. La simplicité de la Fontaine paroissoit
de l'ineptie, et le rendoit le jouet de ceux
même qui sentoient le mieux tout son mérite;
ses distractions lui donnoient un air stupide. La
simplicité de M. de Malesherbes étoit vive et
spirituelle, et laissoit percer sa supériorité; ses
distractions même avoient de l'activité; il étoit
absent, mais occupé, et cependant il avoit entendu tout ce qu'il n'avoit pas écouté, ou, sur
un mot, il avoit tout deviné, et toujours juste.
C'est ainsi que, ne pouvant assujétir son imagination vagabonde à écouter attentivement les
longs discours et les répétitions assommantes
des plaideurs et des mauvais avocats, un seul

mot lui expliquoit toute l'affaire, et laissoit un libre cours à ses distractions.

Pour ne rien omettre ici du tribut qu'il pouvoit payer à l'humanité par de légères imperfections, nous ne négligerons pas d'observer qu'il avoit, comme l'ingénieux Erasme et le savant Budé(1), une écriture très-difficile à déchiffrer; ce qui, dans le cours des voyages qu'il fit, toujours sans être connu, après avoir quitté le ministère et la place de secrétaire d'état au département de la cour et de Paris, lui attira une petite aventure que Louis XVI aimoit à lui entendre conter. Il laissa quelques mots par écrit à un homme d'un ton brusque, d'un caractère franc, qui ne le connoissoit pas, et qui s'écria d'abord : « *quel diable de griffon-* » *nage !* — Vous trouvez donc mon écriture » mauvaise ? — Ah ! détestable. — Eh bien ! » cela n'a pas empêché que, dans mon pays, » je n'aie été le secrétaire d'un fort grand sei- » gneur. — Parbleu ! il falloit que ce fût une » grande bête » !

Ceci rappelle une anecdote à peu près du même genre. Sous la minorité de Louis XV,

---

(1) Voyez le recueil de l'Académie des Inscriptions et Belles-Lettres, Tome V, page 360 de l'Histoire.

l'évêque de Fréjus, depuis cardinal de Fleury, précepteur de ce prince, écrivit à Versailles, d'un appartement à l'autre, à M. le maréchal de Villeroy, gouverneur du même Louis XV, un petit billet. Le maréchal, qui avoit aussi un peu de brusquerie, ayant peine à lire de certains mots du billet, dit au valet de chambre de M. de Fleury : « Dis à ton maître » que, s'il veut que je sache ce qu'il me mande, » il écrive plus lisiblement ». L'évêque récrivit son billet le mieux qu'il put ; puis, pour faire sentir doucement au maréchal ce que sa réprimande avoit eu d'un peu rude, il ajouta la phrase suivante :

« Gardons-nous l'un à l'autre le secret sur » ce petit incident, de peur qu'on ne dise que » le roi a un précepteur qui ne sait pas écrire, » et un gouverneur qui ne sait pas lire ».

M. de Malesherbes n'avoit rien de la *morgue présidentale* qu'on appelle *dignité*, mais qui n'est que la charlatanerie de la magistrature, et souvent le masque de la nullité ; aussi les juges pédans disoient-ils que ce n'étoit pas un juge, que ce n'étoit qu'un homme d'esprit. De meilleurs juges pensoient que l'esprit le rendoit un excellent juge, et ajoutons qu'il l'étoit en tout genre.

Enfin c'étoit à tous égards le plus étonnant, le plus instructif en s'amusant, et en tout le plus intéressant, le plus respectable, et, je le répète, le meilleur des hommes.

Voilà ce que sait de M. de Malesherbes l'homme qui l'a le mieux connu et le plus aimé pendant près de cinquante ans dans toutes ses fortunes diverses.

VIE

DE M. LE PREMIER PRÉSIDENT

DE LAMOIGNON,

ÉCRITE (1) D'APRÈS LES MÉMOIRES DU TEMPS ET LES PAPIERS DE LA FAMILLE.

G<small>UILLAUME DE</small> L<small>AMOIGNON</small> naquit le 20 octobre 1617 de Chrétien de Lamoignon, président à mortier au Parlement de Paris, et de Marie de Landes, fille de Guillaume de Landes, conseiller au parlement, et de Bonne de Vitry, vicomtesse de Meaux.

Ses descendans actuels, plus flattés de sa gloire que des avantages de la naissance, ne nous sauroient aucun gré de répéter ici ce qui est rapporté partout et reconnu de tout le monde, sur l'origine militaire de la maison de Lamoignon, l'une des plus anciennes du Niver-

---

(1) En 1783, et mise à la suite d'une édition nouvelle des *Arrêtés de Lamoignon.*

nois, et distinguée dans la profession des armes, même avant le règne de Saint Louis; nous ne voulons la considérer que dans les fonctions de la magistrature, et nous nous contenterons d'observer qu'elle entra dans la robe sous le règne de Henri II.

Charles de Lamoignon, né le 1er. juin 1514, sous le règne de Louis XII, fut le premier qui embrassa cette profession. Guillaume de Lamoignon, dans une vie manuscrite de Chrétien de Lamoignon, son père, dit, en parlant de Charles de Lamoignon son aïeul : « Nous le » regardons, en quelque sorte, comme le fon- » dateur de notre branche, parce qu'il a com- » mencé à la mettre dans la robe, où elle a eu » dans la suite tant d'avantages, et parce que » c'est lui qui a fait l'acquisition de la terre de » Bâville ».

On voit, dans les temps les plus éloignés, les Lamoignon successivement attachés aux différens comtes de Nevers, de la maison de Flandre, de la maison de Bourgogne, de la maison de Clèves. Charles de Lamoignon fut chef du conseil de François de Clèves, premier du nom, duc de Nivernois, qui lui donna, par contrat du 1er. février 1753, la terre de Launai-Courson, pour laquelle il rendit foi et hommage au roi Henri II, entre les mains de Jean Bertrand, garde des sceaux de France, le 13 du même mois. Cette terre, qui étoit sortie de la famille, y est rentrée sous M. le premier président de Lamoignon, par les justes libéralités de Louis XIV, contenues dans ses lettres-patentes du 30 juillet 1767, enregistrées au parlement et à la chambre des comptes.

Nous ne devons pas dissimuler que, dans une brochure intitulée : *Pièces intéressantes et peu connues pour servir à l'Histoire, à Bruxelles,* 1781, on trouve à ce sujet une anecdote aussi injurieuse qu'elle est fausse. Elle a été réfutée avec soin dans l'écrit qui a pour titre : *Addition nécessaire au Recueil intitulé :* Pièces intéressantes, etc. Voyez le Journal de Paris, n°s. 82 et 91 de l'année 1781. Voyez aussi le Mercure de France, du samedi 31 mars 1781, n°. 13, pages 235 et suivantes. Mais c'est dans le Journal des Savans du mois de mai de la même année, que cette réfutation est la plus complète, et qu'elle se trouve appuyée de pièces justificatives au-dessus de toute réplique. Les pièces authentiques qui démontrent la fausseté de l'anecdote, sont déposées à la bibliothèque du roi. Cette anecdote est, dit-on, tirée des Mémoires manuscrits de Saint-Simon.

La terre de Courson vient de passer à MM. de Maupeou, héritiers d'une branche cadette de la maison de Lamoignon, issue de Charles, aussi-bien que l'aînée, par Chrétien et par Guillaume. La terre de Bâville est restée dans la branche aînée; le fief de Lamoignon, situé dans le faubourg de Donzy, en Nivernois, sorti, par un mariage, de la maison de Lamoignon, qui en étoit en possession dès le treizième siècle, et qui en avoit tiré son nom, y est rentré il y a environ soixante ans, par l'acquisition qu'en a faite Chrétien de Lamoignon, président à mortier, frère aîné de M. le chancelier de Lamoignon, et aïeul de M. de Lamoignon, actuellement président à mortier.

Charles de Lamoignon avoit étudié en droit à Ferrare sous le savant Alciat. Paris vit bientôt en lui un digne disciple de ce grand maître. Le barreau étoit alors l'école de la magistrature ; Charles de Lamoignon y parut avec éclat. François Ier., par deux brevets consécutifs, lui promit la première place de conseiller au parlement qui viendroit à vaquer. Ces promesses restèrent sans effet, et Charles de Lamoignon ne fut fait conseiller au parlement qu'en 1557, sous le règne de Henri II, ayant été proposé deux fois par le parlement, suivant l'usage alors établi de proposer au roi, pour chaque place vacante au parlement, trois sujets, entre lesquels il choisissoit. Charles de Lamoignon avoit été d'abord conseiller à la table de marbre; il fut dans la suite maître des requêtes, puis conseiller d'état. Suivant une tradition de famille, le roi Charles IX lui avoit promis une charge de président à mortier : ce prince avoit pour lui une estime qui alloit jusqu'à la tendresse; il lui fit plusieurs visites pendant sa dernière maladie, et déclara hautement qu'il perdoit en lui un homme fait pour remplir les premières charges de l'Etat.

Le chancelier de l'Hôpital étant mort quelque temps après lui, M. de Morvilliers (1) dit à Mme. de Lamoignon, Charlotte de Besançon, veuve de Charles : « Vous voyez, Ma-
» dame, qu'on est bien embarrassé pour trou-

---

(1) Jean de Morvilliers, évêque d'Orléans, qui avoit, dit-on, refusé les sceaux à la mort du chancelier Olivier en 1560, les eut en 1568 à la retraite du chancelier de l'Hôpital; il les remit en 1570, et alors ils furent donnés à René de Birague, qui fut chancelier en 1573, à la mort du chancelier de l'Hôpital. Le mot de M. de Morvilliers montre qu'on n'étoit pas d'abord déterminé à réunir la chancellerie aux sceaux en faveur de Birague.

« ver un digne successeur à M. le chancelier de
» l'Hôpital ; il étoit tout trouvé, si M. de Lamoi-
» gnon eût vécu ».

Charles de Lamoignon mourut âgé de cinquante-neuf ans, au mois de novembre 1572. M. de Thou, son parent, a fait son éloge dans les mémoires qu'il a composés sur sa propre vie.

Charles de Lamoignon avoit eu vingt enfans de Charlotte de Besançon, treize garçons (1) et sept filles. Chrétien de Lamoignon, père de M. le premier président, étoit le dixième des fils. Né le 22 août 1567, il entroit dans la sixième année à la mort de son père.

Il avoit eu un frère aîné, nommé Pierre, prodige de science dès l'âge le plus tendre, ami des savans, objet de leur admiration et de leurs éloges ; Baillet l'a mis au nombre des enfans célèbres; Théodore de Bèze, son ami, a fait son épitaphe (2). Déjà capable, à douze ou treize ans, de sentir et de pleurer les maux de sa patrie, il avoit composé à cet âge, en vers latins, deux poëmes qu'il avoit en même temps

---

(1) La plupart moururent en bas âge.

(2) La voici; elle mérite d'être connue.

Petri Lamonii, Caroli Parisiensis Senatoris filii,

traduits

traduits en vers grecs. Ces deux poëmes étoient intitulés l'un et l'autre en latin : *Deploratio calamitatum Galliæ.* Le temps où ils furent faits ne justifioit que trop ce titre ; ils parurent imprimés en 1570. Le crime de la Saint-Barthélemi n'étoit pas commis encore, mais peut-être étoit-il projeté ; l'esprit qui le fit commettre étoit dès lors dans toute sa force, et les premiers regards du jeune Lamoignon avoient vu des guerres civiles et des guerres de religion. Il ne faut pas plus flatter la nation que le prince ; le vrai citoyen est celui qui

---

ingenio ab ipsâ pueritiâ insignis, doctrinâ suprà captum adolescentiæ, ipsis exteris Italis admirabilis, memoriæ.

Lamonii exuviæ extincti florente juventâ
 Viator, hîc sunt conditæ :
Quem, truculenta licet, flevit miserata cadentem
 His ipsa Parca vocibus ;
Testor numen, ait, juvenili in corpore cana
 Tua me fefellit indoles ;
Et te scribentem, te demirata loquentem
 AEtate credidi senem.
Ille autem vitæ certus melioris, et inter
 Jamjam locandus sidera,
Tolle moras, inquit. Nam cui juvenive senive,
 Cœlum placet, sordet solum.

I

avertit l'Etat de son danger. Lorsqu'Horace crioit aux Romains : *Quò, quò, scelesti, ruitis*, etc., il aimoit bien plus Rome, il étoit bien plus citoyen que ces approbateurs fanatiques ou hypocrites d'un gouvernement imprudent ou coupable, que ces ennemis de l'humanité qui applaudissent à la guerre, et nourrissent dans les esprits des illusions, des passions, des fureurs capables de perdre l'Etat, ou au moins de le ruiner.

Pierre de Lamoignon, victime d'une passion, vertueuse, si elle n'eût été excessive, consumé par l'étude et le travail, mourut de vieillesse à vingt-neuf ans, sans avoir eu ni jeunesse ni enfance.

Charlotte de Besançon élevoit à Bâville sa nombreuse famille, surchargée encore des enfans que Charlotte de Lamoignon, sa fille aînée, avoit eus de Jean de Bullion, seigneur d'Argny, maître des requêtes. La simplicité qui présidoit à cette éducation n'est peut-être pas indigne des regards de la philosophie et des observations de l'histoire. On aime à voir ces monumens de la simplicité antique ; on aime à voir au seizième siècle le premier président le Maître stipulant avec ses fermiers, « qu'aux veilles des quatre bonnes fêtes de

» l'année, et au temps des vendanges, ils seroient
» tenus de lui amener une charrette couverte
» avec de bonne paille fraîche dedans, pour y
» asseoir Marie Sapin sa femme, et sa fille Ge-
» neviève; comme aussi de lui amener un ânon
» et une ânesse pour monture de leur cham-
» brière, pendant que lui, premier président,
» marcheroit devant sur sa mule, accompagné
» de son clerc, qui iroit à pied à ses côtés ».
Oserions-nous de même tirer des écrits de
M. le premier président de Lamoignon, une
anecdote, petite, à la vérité, et qu'il n'avoit
pas destinée à voir le jour, mais que le con-
traste, soit des mœurs actuelles, soit de la fortune même des personnages dont il s'agit, rend
peut-être assez piquante ? Claude de Bullion,
fils de Charlotte de Lamoignon, et petit-fils de
Charlotte de Besançon, devenu surintendant
des finances et président à mortier, comblé
d'honneurs et de richesses, « me parloit sou-
» vent avec plaisir, dit M. le premier président
» de Lamoignon, de la manière dont il avoit
» été nourri à Bâville, avec feu mon père, qui
» étoit son oncle, et presque de même âge que
» lui ; il aimoit à me conter comment on les
» portoit tous deux sur un même âne dans des
» paniers, l'un d'un côté et l'autre de l'autre,

» et qu'on mettoit un pain du côté de mon
» père, parce qu'il étoit plus léger que lui,
» pour faire le contre-poids ».

Chrétien de Lamoignon eut le même avantage qu'avoit eu son père, et dont il profita de même, celui d'étudier en droit sous un des plus grands maîtres dont s'honore la jurisprudence. Charles avoit été disciple d'Alciat, Chrétien le fut de Cujas; il conserva toujours pour lui le plus grand respect, *quoiqu'il blâmât fort les mœurs de ce docteur, qui étoient fort corrompues.*

<small>Vie de Chrétien de Lamoignon, par M. le premier président son fils.</small>

Les malheurs de la France, que Pierre de Lamoignon avoit déplorés vingt ans auparavant, n'étoient point terminés; les guerres civiles, plus animées que jamais, rendoient le retour de Bourges (1) à Paris un voyage dangereux ; toutes les routes étoient infestées de soldats et de brigands ; Chrétien ne put échapper à leur violence et à leur avidité qu'à la faveur d'un déguisement. Travesti en mendiant, ainsi qu'un domestique qui l'accompagnoit, il arriva dans une hôtellerie, où, s'étant fait connoître, il fut traité avec toutes les dis-

---

(1) C'étoit à Bourges que Cujas enseignoit le droit.

tinctions que son nom devoit naturellement lui procurer. A peine étoit-il à table, que des gens de guerre arrivant aussi dans l'hôtellerie, entrèrent brusquement dans la chambre où il étoit ; il n'eut que le temps de jeter par la fenêtre les mets qu'on lui avoit servis, et dont le choix auroit pu rendre son déguisement suspect. Au moyen de cette précaution, ces aventuriers ne virent en lui que ce qu'il vouloit paroître; ils se crurent en droit d'exiger de lui les services les plus vils; un d'entr'eux lui commanda de le débotter; cet ordre fit renaître le danger. L'embarras du jeune Lamoignon, sa maladresse, ses agrémens même, la blancheur et la délicatesse de ses mains peu exercées à de pareils emplois, alloient le trahir; son domestique survint et le tira d'affaire, en insultant à son air gauche et maladroit avec une grossièreté affectée, et en se vantant d'une supériorité d'adresse qu'il voulut prouver à l'instant *en servant lui-même ces messieurs.*

Ils continuèrent leur route sans autre mauvaise rencontre, et M. de Lamoignon entra dans sa maison comme Ulysse entre dans la sienne, trompant tous les yeux par un déguisement qu'il prit plaisir à prolonger, et demandant l'aumône avec une audace qui étonna la bienfaisance de la famille la plus charitable, jusqu'à ce qu'enfin il se fit connoître en embrassant ses frères et ses sœurs avec des larmes de joie et de tendresse.

Il perdit sa mère (le 17 octobre 1594) avant d'entrer en charge. Ainsi, il eut toute sa carrière à remplir et toute sa fortune à faire sans le secours de ses parens. Aussi, suivant l'usage de son siècle, où les applications de l'Ecriture sainte avoient passé des sermons dans la conversation, répétoit-il souvent avec un tendre regret ce passage du psalmiste : *Pater meus et mater mea dereliquerunt me, Dominus autem assumpsit me.*

Il fut conseiller au parlement en 1595 ; il devint, dans la suite, le doyen de sa chambre (la troisième des enquêtes), et lui fut si agréable, que, voulant le fixer dans son sein, elle le força de traiter, contre son gré, d'une charge de président de cette même chambre, charge trop pesante alors pour sa fortune. Après l'avoir exercée pendant quelques années par égard pour le vœu général de la chambre, il s'en défit, et passa, comme simple conseiller, à la grand'chambre, où il reprit son rang d'ancienneté qu'il avoit laissé passer plusieurs fois.

Cet état eut toujours suffi à ses vœux modérés ; mais un ami puissant eut pour lui l'ambition que M. de Lamoignon n'avoit pas pour lui-même.

Le cardinal de Richelieu, qui estimoit la vertu, quoiqu'elle lui fût souvent contraire, aimoit M. de Lamoignon ; il voulut l'attirer à la cour et lui donner la place de contrôleur général des finances. M. de Lamoignon préféra l'indépendance de la magistrature à l'esclavage brillant d'un ministère où l'on ne pouvoit qu'être la créature d'un ministre seul puissant. M. de Lamoignon étoit pauvre alors ; le cardinal, soit qu'il pénétrât ou non les motifs d'un si généreux refus, ne lui en sut pas mauvais gré ; il résolut de servir son ami selon son goût, en l'élevant aux honneurs suprêmes de la magistrature. Lorsqu'à la mort du premier président de Verdun, Jérôme de Hacqueville eut la première présidence, le cardinal de Richelieu voulut procurer à M. de Lamoignon la charge de président à mortier, qui devenoit vacante ; des arrangemens de fortune mirent obstacle pour lors à sa bonne volonté, et M. de Longueil eut la place. Lorsque, quelques années après, le président le Jay succéda dans la place de premier président à Jean Bochard, le cardinal songea encore à M. de Lamoignon; mais des intérêts politiques, la nécessité d'appaiser Monsieur, frère du roi, qui s'étoit retiré mécontent de la cour, firent préférer M. le Coigneux, chancelier de Monsieur; M. de Lamoignon eut, quelques années après, la place de M. le Coigneux, comme celui-ci avoit eu celle que le gouvernement avoit destinée à M. de Lamoignon.

Observons, à la louange du cardinal de Richelieu autant qu'à celle du président de Lamoignon, que celui-ci fut fait président à mortier en 1633, et qu'en 1632 M. de Lamoignon, toujours incapable de déguiser ses sentimens et de flatter un ministre, même son ami et son bienfaiteur, avoit signalé son zèle en faveur du maréchal de Marillac; qu'il n'avoit caché ni l'indignation que lui inspiroit la persécution suscitée à ce général, ni l'empressement qu'il avoit à le servir auprès des juges, surtout auprès de M. de Nesmond, son gendre (1); celui-ci, animé par les représentations continuelles de M. de Lamoignon, se fit le plus grand honneur dans cette affaire, par sa résis-

---

(1) Fils du premier président du parlement de Bordeaux.

tance aux volontés du cardinal, et le beau-père jouissoit publiquement de la gloire que le gendre acquit dans cette occasion. « Il en » parloit si souvent, dit le premier président » son fils, et, après la condamnation, il s'ex-» pliquoit si avantageusement en faveur de ceux » qui avoient été d'avis de l'absolution, que, » quoique je fusse encore extrêmement jeune, » il est incroyable combien il m'animoit à imi-» ter ces bons juges : jusque-là même que, par » un mouvement que ses discours excitoient en » moi, je me souviens que je sentois une cer-» taine impatience d'entrer promptement dans » les affaires pour agir avec la même fermeté, » et que j'avois de l'inquiétude de ce qu'il me » sembloit que je perdois de si grandes et de si » belles occasions, craignant de n'en pas ren-» contrer de semblables dans la suite de ma » vie ».

Telle étoit, dans un autre genre, l'héroïque inquiétude qu'inspiroient au jeune Alexandre les conquêtes de Philippe son père. Au reste, ce récit ne sauroit être suspect ; la naïveté même avec laquelle Guillaume de Lamoignon épanche ici un sentiment dont il est plein, est le garant le plus sûr du fait qu'il rapporte. On voit combien Chrétien de Lamoignon étoit éloigné de sacrifier à la faveur ; on voit que, si le cardinal de Richelieu se plût à l'avancer, c'est qu'un grand ministre sent qu'il s'honore en protégeant l'homme de bien ; c'est que l'autorité de la puissance a quelquefois besoin de l'autorité de la vertu.

L'éloge d'un tel père est inséparable de l'éloge d'un fils qui avoue lui-même qu'il doit tout à ses leçons et à ses exemples. Pour immortaliser la mémoire de Chrétien de Lamoignon, il suffiroit du respect et de la tendresse que lui témoigne son illustre fils. Ce n'est point un devoir qu'il remplit, c'est son âme qu'il déploie, lorsqu'il peint dans ce père adoré le juge incorruptible, le magistrat studieux et savant, l'homme aimable et bienfaisant, charitable dans la pauvreté, et, ce qui n'est pas moins remarquable peut-être, plus charitable dans l'opulence ; le maître indulgent, l'époux tendre, l'ami de ses enfans, le compagnon de leurs jeux comme de leurs travaux, se plaisant à leur faire en public, en particulier une innocente guerre ; les animant, les encourageant par de douces et piquantes agaceries.

Le tableau que M. le premier président fait de la maison de son père, offre encore des traits bien précieux de cette simplicité antique

dont nous avons parlé, de cet esprit de pauvreté si favorable aux mœurs et si bon à conserver au milieu même des richesses. « Jusqu'au
» temps où il fut président à mortier, il n'avoit
» jamais eu qu'un seul laquais pour lui et pour
» sa femme; il en eut deux, un pour chacun,
» lorsqu'il fut président à mortier, et qu'il eut
» recueilli la riche succession de M. de Landes,
» son beau-père : alors, dit M. le premier pré-
» sident, il augmenta beaucoup ses aumônes,
» mais très-peu sa dépense ».

Au reste, dans le temps même de leur pauvreté, M. et Mme. de Lamoignon eurent toujours, dans leur maison, une multitude de *servantes ;* « car, dit encore leur fils, il y en avoit
» toujours de surnuméraires, que ma mère re-
» tiroit par charité ».

Ajoutons que, dans le temps de leur richesse, ils n'eurent jamais que quatre chevaux de carrosse.

Si tant de modestie donnoit, dans ce siècle fastueux, une idée de parcimonie et d'avarice, ce seroit se tromper beaucoup. La maison de M. de Lamoignon étoit toujours ouverte et toujours remplie, tant ses manières étoient aimables et attirantes, tant un accueil plein de franchise, de grâce et d'honnêteté, tant le charme d'une liberté douce et d'une gaieté obligeante suppléoient au luxe qu'il ne pouvoit ni ne vouloit se permettre !

A Bâville, qui n'étoit alors, selon Guillaume de Lamoignon, *qu'une petite chaumière*, M. de Lamoignon recevoit l'élite de la bonne compagnie de Paris et de la cour. « On n'y venoit pas
» pour voir une belle maison ni un beau parc ;
» car il n'y avoit rien de plus petit ni de plus
» simple que l'un et l'autre..... On n'avoit que
» deux ou trois chambres à donner aux étran-
» gers ; dans la plus grande, on mettoit quatre
» lits qui servoient à autant de personnes en ce
» temps-là, que quatre grands appartemens
» pourroient faire présentement ».

Quelquefois il y avoit tant de monde, que la plupart des étrangers étoient obligés de coucher dans leurs carrosses : tous cependant se trouvoient bien reçus, tous partoient avec regret et revenoient avec empressement. « Je
» sais », dit M. le premier président, en faisant la comparaison de ce temps avec le sien, « je
» sais qu'il faut donner quelque chose à la dif-
» férence des temps et des usages ; mais je puis
» assurer que, si on imitoit mon père en toutes
» choses, on auroit la réputation d'être plus li-
» béral que ceux qui font de très-grandes
» dépenses ».

Il en fit une très-considérable, il ne la regretta point; il la faisoit pour son fils; ce fut de bâtir un château à Bâville. Il mit, dans cette entreprise, la sage économie qu'il portoit dans toutes les affaires; elle ne lui coûta pas plus de quarante-cinq mille écus. « On n'en feroit » pas tant aujourd'hui pour le double », dit le premier président.

Plein de bienveillance, d'urbanité, d'affabilité avec tout le monde, il réservoit son estime pour les lumières, son admiration pour les talens, son amitié pour la vertu. C'est la réunion de ces trois avantages qui lui avoit inspiré un attachement plein de respect pour ce célèbre Jérôme Bignon, le modèle des savans et des orateurs de son temps, et la gloire du parquet, après l'avoir été du barreau; c'est, de tous les hommes, celui que M. de Lamoignon a le plus aimé et qu'il a rendu le plus cher à sa famille. Il menoit son fils encore enfant entendre ce grand magistrat parler au nom des lois dans les causes importantes; il enflammoit ce jeune homme du plaisir de l'admirer, du désir de l'imiter. « Je ne puis exprimer », dit-il lui-même, « combien cette pensée, que mon père » m'avoit inspirée, m'a été avantageuse; elle » m'a fait rechercher l'amitié de cet incompa-

« rable magistrat, qui m'a servi d'un véritable » père, après que Dieu eut retiré le mien; je » ne puis assez dire combien je suis redevable » à ses exemples et à ses conseils, soit pour le » choix de mes études, soit pour la conduite » de ma vie, et je désire que la reconnoissance » du bien que ce grand personnage m'a fait en » toute occasion, soit continuée dans toute ma » postérité à l'égard de la sienne ». Par une suite de ce sentiment, le premier président laissa, par son testament, le portrait de Jérôme Bignon au président de Lamoignon son fils aîné, alors avocat général. Cette clause du testament est remarquable:

« Je donne à mon fils, avocat général, le » portrait de M. Bignon, avocat général, afin » que, l'ayant devant les yeux, ce grand et » saint homme lui serve d'exemple ».

Pareille clause dans le testament de M. le président de Lamoignon, fils du premier président:

« Je donne à mon fils l'avocat général, le » portrait de M. Bignon ».

Ce fils, avocat général alors, est celui que nous avons vu chancelier, et le portrait de M. Bignon appartient aujourd'hui à M. de Malesherbes.

Revenons à Chrétien de Lamoignon, père du premier président, et achevons de le faire connoître par un dernier trait. Il étoit oncle de M. de Bullion, surintendant des finances : ce ministre lui étoit encore plus attaché par l'amitié que par le sang ; il lui devoit son élévation et sa fortune ; c'étoit M. de Lamoignon qui lui avoit procuré la faveur du cardinal de Richelieu ; il ne faisoit rien que par ses conseils ; et M. de Lamoignon n'avoit, soit à titre de gages, soit à titre de pension, que 4,000 liv., tandis que la plupart des présidens à mortier avoient 12,000 liv. sous ces deux titres.

Il mourut le 18 janvier 1636 : il avoit eu, de Marie de Landes, Guillaume de Lamoignon (c'est le premier président dont il s'agit), et cinq filles, dont l'aînée avoit épousé M. de Nesmond.

Guillaume de Lamoignon n'avoit que dix-huit ans et trois mois, et venoit d'être reçu conseiller au parlement, lorsqu'il perdit son père : il a cru n'avoir fait que l'éloge de ce père et de ses sœurs ; mais tout le monde jugera qu'il a fait le sien, lorsqu'il a dit : « Je » ne crois pas que jamais mon père ait eu le » moindre mécontentement de mes sœurs ; je » ne dis pas seulement en des choses considé-

» rables, mais dans les moindres qu'on se puisse
» imaginer...... Pour moi, quand je songe au
» temps où j'ai goûté la douceur d'être auprès
» de lui avec elles, je ne trouve pas que j'aie
» jamais eu de joie en ma vie qui puisse entrer
» en comparaison avec celle-là..... J'étois si fort
» attaché à lui du fond de mon cœur, je l'ai-
» mois si passionnément, que je n'avois besoin
» de consulter ni le respect, ni le devoir, ni
» autre chose que mon amour pour faire ce
» qu'il pouvoit désirer..... Je ne me souviens
» point de lui avoir jamais désobéi ou déplu,
» ou même d'avoir manqué de lui plaire en
» ce qui a dépendu de moi ».

La vénération religieuse des Chinois pour leurs parens, caractère le plus respectable qui distingue cette sage nation, et qui n'est pas une des moindres causes de la durée de cet empire, est un sentiment héréditaire dans cette maison de Lamoignon, où (citons les belles paroles de l'éloquent Fléchier), « où l'on ne
» semble naître que pour exercer la justice et
» la charité, où la vertu se communique avec le
» sang, s'entretient par les bons conseils, s'ex-
» cite par les grands exemples...., où les en-
» fans aiment mieux succéder à la probité
» qu'à la fortune de leurs pères, et où la misé-
» ricorde

» ricorde et la paix sont les règles de la disci-
» pline domestique ».

Dans cette maison, les enfans se sont plu à consacrer, par des monumens domestiques, les vertus de leurs pères. Le premier président a écrit la vie de Chrétien de Lamoignon son père ; celle du premier président a été écrite par le président Chrétien-François de Lamoignon son fils, et par une de ses filles, Anne de Lamoignon, religieuse à la Visitation du faubourg Saint-Jacques ; celle de Chrétien-François a été écrite par M. le chancelier de Lamoignon, le second de ses fils, et celui-ci doit aussi à la piété filiale l'épitaphe latine qu'on lit sur sa tombe dans l'église de Saint-Leu, où il est loué sans être flatté.

M. le premier président de Lamoignon a, de plus, écrit l'histoire assez détaillée des époques les plus considérables de sa vie, telles que sa nomination à la place de premier président, et la part qu'il a eue au fameux procès de M. Fouquet. Ainsi, l'histoire que nous donnons de ce magistrat, a l'avantage d'être faite d'après ses propres mémoires et d'après ceux de ses enfans, mémoires absolument inconnus du public jusqu'à ce jour, et qui contiennent des anecdotes curieuses sur divers événemens et sur des personnages célèbres du règne de Louis XIV.

La piété filiale éclate dès le premier mot qu'écrit le président de Lamoignon sur la vie du premier président son père : « Je veux, » dit-il, que le jour de la naissance de mon » père soit considéré comme un jour de fête » dans ma famille ».

Il en avoit été un en effet, et la joie de la famille avoit été d'autant plus grande, qu'après plus de vingt ans de mariage, Chrétien de Lamoignon n'avoit encore que des filles, ayant perdu, en 1605, un fils né en 1603. On avoit célébré la naissance de Guillaume par de grandes réjouissances, c'est-à-dire, par une profusion d'aumônes.

M. le président de Lamoignon, non content de signaler sa tendresse pour le premier président son père, rend témoignage à celle du premier président pour le sien : « Je l'ai vu, » dit-il, trente ans après qu'il eut perdu son » père, m'en parler avec les mêmes marques » de tendresse qu'il auroit pu donner le jour » de sa mort ».

Il n'avoit pas moins d'attachement pour sa mère, qu'il perdit le 31 décembre 1651. Elle avoit ordonné que son corps fût porté aux

Récolets de Saint-Denis. On le mit en dépôt dans l'église de Saint-Leu. Les pauvres de cette paroisse, qu'elle avoit comblés de bienfaits, ne voulurent jamais souffrir que des dépouilles si chères fussent enlevées à leur reconnoissance et à leur amour; ils inhumèrent furtivement le corps dans le caveau de la famille, et M. le premier président lui fit ériger, dans cette paroisse, un tombeau par le célèbre Girardon, avec une épitaphe latine.

Mais hâtons-nous de tirer Guillaume de Lamoignon de l'enceinte de sa famille, et de le montrer dans des places où il soit utile au public.

Après avoir été près de dix ans conseiller au parlement, il fut fait maître des requêtes en 1644. Bientôt il eut, dans l'exercice de cette charge, des succès dont il parle avec une modestie qui ne peut en voiler tout à fait l'éclat. « Il se rencontra, dit-il, en peu de temps, trois
» ou quatre affaires parfaitement belles, que
» je rapportai devant le roi avec beaucoup
» plus de succès que je n'en pouvois espérer;
» ces affaires étant telles, qu'on ne pouvoit pas
» mieux choisir, quand elles auroient été faites
» exprès ».

C'est sans doute une de ces affaires qui a

mérité d'occuper une assez grande place dans l'oraison funèbre de ce magistrat, prononcée par Fléchier. « L'orateur parle de la cause cé-
» lèbre de ces étrangers que l'espérance du
» gain avoit attirés des bords du Levant pour
» porter en Europe les richesses de l'Asie.
» Contre la liberté des mers et la fidélité du
» commerce, des armateurs français leur
» avoient enlevé et leurs richesses et le vais-
» seau qui les portoit. Ceux qui devoient les
» secourir aidoient eux-mêmes à les opprimer :
» on avoit oublié, pour eux, non-seulement
» cette pitié commune qu'on a pour tous les
» malheureux, mais encore cette politesse sin-
» gulière que notre nation a coutume d'avoir
» pour les étrangers. Eloignés de leurs amis
» par tant de terres et par tant de mers, dans
» un pays où l'on ne pouvoit les entendre, où
» l'on ne vouloit pas même les écouter, ils
» eurent recours à M. de Lamoignon, comme
» à un homme incorruptible, qui prendroit le
» parti des foibles contre les puissans, et qui
» débrouilleroit ce chaos d'incidens et de pro-
» cédures dont on avoit enveloppé leur cause....
» Il alluma tout son zèle contre l'avarice ; il
» leva les voiles qui couvroient ce mystère
» d'iniquité, et rapporta, durant trois jours,

» au conseil du roi, cette affaire avec tant
» d'ordre et de netteté, qu'il fit restituer à
» ces malheureux ce qu'ils croyoient avoir
» perdu, et les obligea d'avouer ce qu'ils
» avoient eu peine à croire, qu'on pouvoit
» trouver parmi nous de la fidélité et de la jus-
» tice ».

L'honneur que M. de Lamoignon se fit dans cette occurrence, ne fut pas inutile à sa fortune. Louis XIV, fort jeune alors, mais déjà sensible au mérite, n'oublia jamais ces preuves éclatantes de la capacité de M. de Lamoignon. Il faut le publier à la gloire du cardinal Mazarin ; cette capacité fut le seul titre de M. de Lamoignon auprès de ce ministre, qui le connoissoit peu d'ailleurs, et ce titre fut assez puissant pour faire désirer à Mazarin d'être son bienfaiteur dans l'occasion la plus importante. Ceux qui connoissent les motifs ordinaires des ministres puissans, dans le choix qu'ils font des sujets auxquels ils confient les grandes places, sauront apprécier cette action du cardinal. Nous nous bornerons à la raconter très-simplement d'après les mémoires de Guillaume de Lamoignon et de son fils.

A la mort de Chrétien de Lamoignon, le vœu de la famille avoit été de conserver à son fils la charge de président à mortier ; et, comme ce fils n'étoit point encore en âge de l'exercer, on en demanda l'agrément pour M. de Nesmond son beau-frère, qui, dans l'intention de la famille, devoit la remettre à Guillaume de Lamoignon à une époque dont on convint, ou dont on crut convenir. M. de Bullion seul ne fut point d'avis de cet arrangement, soit qu'il crût que la personne de M. de Nesmond, attaché à M. le prince de Condé et chef de son conseil, ne seroit point agréable au cardinal de Richelieu, soit qu'il prévît, dit le président de Lamoignon, Chrétien-François, « la difficulté qu'un homme revêtu d'une » charge peut avoir de la quitter quand le » temps en est venu ».

Mais *la diverse face des temps*, selon l'expression de Bossuet, fit que la qualité de chef du conseil du prince de Condé, qui auroit pu nuire à M. de Nesmond, lui devint favorable ; la conjuration du comte de Soissons contre le cardinal de Richelieu pendant le siége de Corbie, la retraite de ce prince à Sedan, celle de Monsieur à Blois, ayant fortifié les raisons de ménager le prince de Condé, M. de Nesmond eut l'agrément qu'on demandoit : le cardinal, qui n'avoit pas oublié son amitié pour le président de Lamoignon, dit à Mme. de Lamoignon sa veuve, que, si son mari eût vécu trois mois de plus, le roi auroit accordé la survivance à son fils.

Le temps, où, suivant le traité fait dans la famille, la charge devoit être rendue à Guillaume de Lamoignon, approchoit, lorsqu'il perdit sa mère, dont l'autorité auroit pu lui être utile dans cette conjoncture. M. de Nesmond, comme M. de Bullion sembloit l'avoir prévu, se crut en droit de garder la charge. Ne nous pressons pas de le condamner; écoutons sur ce point Guillaume de Lamoignon lui-même.

« Je suis obligé, dit-il, de rendre témoi-
» gnage non-seulement à l'amitié et à la liaison
» très-étroite que j'ai avec M. le président de
» Nesmond, mais encore à la pure vérité, qui
» est que je suis persuadé qu'il a été toujours
» dans la bonne foi toute entière, et que notre
» différend ne venoit que de l'interprétation
» différente de nos écrits; car je crois, dans la
» connoissance très-exacte que j'ai de lui et de
» toute la conduite de sa vie, qu'il ne voudroit
» pas retenir un royaume même, s'il se croyoit
» obligé, par honneur ou par conscience, à le
» rendre ».

Quant à Mme. de Nesmond (Anne de Lamoignon), voici le témoignage que lui rend le même Guillaume de Lamoignon.

« J'ai eu toute ma vie la plus haute estime
» pour ma sœur de Nesmond, dans laquelle
» j'ai toujours reconnu toutes les bonnes qua-
» lités qu'on puisse souhaiter dans une femme
» accomplie, sans que j'en aie remarqué une
» seule où l'on puisse dire qu'il y ait des dé-
» fauts; néanmoins sa conduite en cette affaire
» m'a paru encore plus admirable que tout le
» reste de sa vie, ayant toujours conservé toutes
» les mesures d'une excellente femme et d'une
» très-bonne sœur, sans nulle confusion de ces
» différens devoirs et de ces diverses affec-
» tions ».

C'est ainsi que cette respectable famille, au milieu des divisions que faisoit naître dans son sein un objet si important, savoit non-seulement conserver la décence, mais entretenir l'union et la paix. La discussion de ces grands intérêts n'étoit pour elle qu'une diversité d'opinions qui partage sans désunir.

Guillaume de Lamoignon n'avoit alors ni faveur ni appui; le cardinal Mazarin avoit succédé au cardinal de Richelieu. Dans les troubles de la Fronde, Guillaume de Lamoignon avoit suivi l'impulsion de son corps, ou il avoit même contribué à la lui donner. En 1648, il s'étoit distingué parmi ceux qui s'opposoient à l'édit de création de douze nouvelles charges de maîtres des requêtes et au paiement du droit annuel, connu sous le nom de *paulette*. Il avoit été un des quatre commissaires choisis pour aller porter à la grand'chambre les protestations des maîtres des requêtes.

Ceux-ci ayant arrêté que, si quelqu'un d'entre eux étoit exilé pour cette opposition, ils lui fourniroient 12,000 liv. par an pendant toute la durée de l'exil, et qu'ils paieroient aux veuves et aux héritiers de leurs confrères, le prix des charges confisquées par défaut de paiement de la paulette, l'écrit secret qui contenoit ces engagemens, et qui étoit signé de tous les maîtres des requêtes, avoit été remis entre les mains de M. de Lamoignon, comme de l'homme le plus sûr et le plus secret de toute la compagnie.

La confiance qu'il inspiroit étoit telle que, dans ces temps orageux, des gens de tous les partis s'empressoient à le charger des dépôts les plus considérables, et qu'il avoit gardé chez lui jusqu'à six millions appartenant à différens particuliers.

Dans les commencemens du siége de Paris,

en 1649, il avoit résisté, comme les autres, à ce qu'on appeloit alors *les violences de la cour;* il se réservoit cependant dès lors de prendre de chaque parti *ce qu'il avoit de meilleur, sans s'attacher servilement à aucun.*

premier président de Lamoignon, par Chrétien-François de Lamoignon, son fils aîné.

Mais bientôt il avoit reconnu, dit-il lui-même, « tant de misère, d'intérêt, d'ambition, de » mauvaise foi, de déréglement, de vanité, de » folie et d'ignorance dans tous ceux qui se » signaloient alors dans Paris, et qui condui- » soient toutes choses; il avoit senti tous les » torts et tous les malheurs de la désobéissance, » celui surtout d'être abandonné à une popu- » lace, dont la tyrannie est plus extravagante » et plus insupportable aux gens de bien, que » ne seroit celle des plus cruels princes du » monde ».

Relation de la nomination de Guillaume de Lamoignon à la place de premier président, écrite par lui-même.

Il étoit rentré dans le devoir : il avoit même rendu des services considérables, mais auxquels on avoit fait d'autant moins d'attention *dans la foule et la confusion de tant d'acteurs différens*, qu'ils avoient été rendus sans aucune intelligence avec la cour, et par un pur zèle de citoyen et de magistrat.

Dans une occasion bien importante, la vertu connue de M. de Lamoignon avoit été plus utile à l'Etat que toute la politique des plus grands ministres. En 1653, le comte du Doignon, connu depuis sous le nom de maréchal Foucault, et qui étoit dans le parti du grand Condé, alors rebelle, fit son traité avec la cour, et promit de remettre ses gouvernemens du pays d'Aunis, de Brouage, des îles d'Oléron et de Ré, moyennant le bâton de maréchal de France, et une somme de cinquante mille écus. Le traité étoit conclu, mais il s'agissoit de l'exécuter. Le comte du Doignon, ne se fiant point au cardinal, qui en avoit trompé tant d'autres, ne vouloit remettre ses places qu'après que la somme auroit été comptée; le cardinal, se défiant de tout le monde, parce qu'il avoit mis tout le monde dans le cas de se défier de lui, ne vouloit donner la somme qu'après que les places auroient été remises. Le comte du Doignon demanda que l'argent fût déposé chez M. de Lamoignon, et offrit de sortir des places aussitôt qu'il sauroit cet argent entre les mains de ce magistrat. Quel outrage pour le ministre! quel hommage pour le particulier! Le cardinal accepte la proposition, et envoie cet argent chez M. de Lamoignon, qu'il croyoit dans la confidence intime du comte; M. de Lamoignon n'en étoit pas même connu, et n'avoit entendu parler de rien; il renvoya l'argent, et ne consentit enfin de s'en charger qu'à la prière du cardinal et du comte.

M. de Lamoignon, qui étoit colonel de son quartier, et qui, par son affabilité, sa bienfaisance, son zèle pour le bien public, avoit gagné tous les cœurs des bourgeois, s'étoit servi de ces avantages bien utilement pour la cour, lorsqu'en 1652, avec le secours de quelques autres colonels de quartiers, il avoit décidé les bourgeois à envoyer au roi une députation pour l'inviter à rentrer dans Paris. Mais tous ces services étoient oubliés ou ignorés; et la cour, où M. de Lamoignon paroissoit peu, ne se souvenoit de lui que quand elle en avoit besoin, et le connoissoit à peine.

« Enfin, dit M. de Lamoignon, la nécessité
» de mes affaires, et le besoin que j'eus de la
» cour, m'obligèrent à commencer de devenir
» courtisan ». Il prit des liaisons avec M. le Tellier, par le moyen de M. le Pelletier; d'un autre côté, le surintendant Fouquet, qui cherchoit à rendre sa puissance indépendante de celle du cardinal Mazarin, et qui, dans cette vue, ne négligeoit rien pour se faire des amis, lui fit proposer, par Mme. Duplessis-Guénégaud, de se lier avec lui, et lui offrit de le servir dans son affaire avec M. de Nesmond.

Cette affaire n'étoit point un procès; la famille et les amis communs s'étoient réunis dans un même vœu, c'étoit que l'un eût la charge, et que l'autre en fût dédommagé par une autre charge semblable. M. de Lamoignon négligea d'abord la proposition de Fouquet : Mme. du Plessis-Guénégaud se plaignit de cette indifférence, dans une lettre à M. de Bagnols, ami de M. de Lamoignon; celui-ci sentit qu'il falloit choisir d'être l'ami ou l'ennemi de M. Fouquet, qu'il regardoit, dit-il, *comme le plus vigoureux acteur qui fût à la cour.* Sa haine étoit à craindre, son amitié n'étoit pas sans danger; M. de Lamoignon courut les risques de cette amitié orageuse, mais en prenant deux précautions : l'une, de lui déclarer ses liaisons avec M. le Tellier, que Fouquet n'aimoit pas, et de déclarer à M. le Tellier ses liaisons nouvelles avec M. Fouquet, en les assurant tous deux que les droits de ces deux amitiés lui seroient toujours également sacrés; l'autre, de mettre entre les devoirs les plus austères du magistrat et les sollicitations les plus ardentes des ministres, une barrière que ni l'amitié, ni le crédit ne pussent jamais franchir.

On convint aussi que la liaison de M. de Lamoignon avec M. Fouquet seroit secrète, parce qu'elle auroit pu nuire au premier auprès du cardinal Mazarin; et, puisque l'occasion se présente encore de louer un ministre avec vérité, ne la laissons pas échapper; disons que ce secret fut religieusement gardé par le Tellier, qui, en le révélant au cardinal, auroit pu perdre Fouquet, son ennemi, dont le plus grand tort, aux yeux du premier ministre, étoit ce soin ambitieux de se faire des créatures.

Ce fut vers ce temps que M. de Lamoignon se fit connoître du roi et du cardinal, par la manière dont il rapporta au conseil les affaires importantes dont nous avons parlé. Le roi disoit : *Je n'entends que les affaires que M. de Lamoignon rapporte.* On lui offrit des intendances, des ambassades; son droit à une charge de président à mortier le retenoit. Il n'accepta que la commisson d'assister, pour le roi, aux États de Bretagne, commission délicate qu'il remplit à la satisfaction de tout le monde, et dans laquelle il donna une haute idée de son talent pour la conciliation.

Le premier président Pompone de Belliévre mourut en 1657. C'étoit une occasion de terminer le différend qui subsistoit toujours entre M. de Lamoignon et M. de Nesmond; l'un pouvoit garder sa charge de président à mortier, l'autre pouvoit en acquérir une, pourvu que le premier président fût pris parmi les présidens à mortier : Messieurs le Tellier et Fouquet travaillèrent à cet arrangement, chacun de leur côté, mais sur des plans différens, et avec des vues opposées ; M. le Tellier, qui étoit un peu plus sincèrement que Fouquet l'ami de M. de Lamoignon, se bornoit à demander la première présidence pour M. de Nesmond, afin que M. de Lamoignon pût rentrer dans sa charge. Son amitié n'osoit porter plus loin ses espérances pour M. de Lamoignon, n'imaginant pas qu'on pût l'aller chercher dans la charge de maître des requêtes, pour le faire passer par-dessus tous les présidens à mortier, prétendans à la première présidence. M. Fouquet, au contraire, s'attachoit à donner des espérances à tous les prétendans, et à leur bien assurer qu'on ne pouvoit réussir que par son crédit, *ce qui,* dit M. de Lamoignon, *a toujours été le foible de ce pauvre homme, et a beaucoup contribué à sa perte ;* mais, de tous ceux qui paroissoient propres à remplir cette place, aucun ne convenoit autant à M. Fouquet que M. de Lamoignon, précisément par la raison qu'en étant en apparence plus éloigné, il auroit une plus grande reconnoissance d'une grâce à laquelle il osoit à peine prétendre, et une plus haute idée du crédit qui la lui auroit procurée; de plus, ce ministre qui aspiroit à tout, et dont la fière devise étoit : *Quò non ascendam?* aspiroit surtout à la dignité de chancelier, que M. Séguier occupoit déjà depuis long-temps, et qu'il ne devoit cependant pas laisser encore sitôt vacante (1). Dans cette vue, Fouquet désiroit, pour premier président, un homme qui se crût et qu'on crût assez sa créature, pour qu'il ne pût entrer avec lui en concurrence; il croyoit trouver toutes ces conditions dans M. de Lamoignon. Tels étoient les motifs de M. Fouquet, motifs familiers aux ministres ambitieux. Au reste, M. Fouquet pénétra mieux que le Tellier dans la pensée du cardinal, qui ne s'expliquoit pas. Il vit toute la bonne volonté de ce ministre pour M. de Lamoignon; il se garda bien de parler en sa faveur; mais il fit parler par ce même Colbert, qui devoit détruire Fouquet dans la suite, et qui étoit alors assez lié avec lui; Colbert parla, devant le cardinal, de M. de Lamoignon, qu'il ne connoissoit pas, comme de l'homme que la voix publique sembloit ap-

---

(1) Il fut fait garde des sceaux en 1633, chancelier en 1635, et est mort chancelier en 1672.

peler à la place de premier président; le cardinal ne répondit rien, et passa outre, comme s'il ne l'eût pas entendu; il n'en fallut pas davantage au surintendant pour voir que la prédilection du cardinal étoit toute de ce côté, car il ne gardoit pas le même silence sur les autres prétendans. Fouquet jugea encore, dit M. de Lamoignon, « que Mazarin ne vouloit point que personne » entrât en part avec lui sur ce qui me regar- » doit ».

Après la mort du premier président de Belliévre, M. de Lamoignon s'étant présenté devant le cardinal, pour le prier de saisir cette occasion de faire cesser sa concurrence avec le président de Nesmond, le cardinal, aussitôt qu'il le vit, lui dit : *Ne me dites rien, je songe plus à vous que vous ne pensez.* Il lui fit recommander dans la suite, par M. d'Estrade, de n'employer personne auprès de lui, et de compter sur des marques éclatantes de sa confiance et de son estime.

Cette même année, M. de Lamoignon fut chargé d'une commission dont il s'acquitta au grand contentement de la cour; il s'agissoit de terminer des contestations qui s'étoient élevées entre le gouverneur du Boulonnois et la noblesse du pays. Ces contestations pouvoient avoir des influences fâcheuses sur la guerre, qui se faisoit alors dans le voisinage.

Pendant que le choix du premier président étoit encore incertain, M. de Lamoignon fut sollicité par un président à mortier, qu'il ne nomme pas, de s'unir avec lui et avec le président de Nesmond, pour procurer au premier la première présidence, au second la survivance de sa charge pour son fils; à ces conditions, ce président, lorsqu'il seroit devenu premier président par cet arrangement, offroit de lui céder sa charge de président à mortier. La proposition étoit embarrassante pour un homme que les ordres du cardinal-ministre retenoient dans l'inaction et dans le silence. M. de Lamoignon ne put alléguer que la crainte d'indisposer le gouvernement par cette association et cette espèce de triumvirat; le président ne fut point la dupe de cette défaite, et devint de ce moment l'ennemi de M. de Lamoignon.

Celui-ci eut une seconde entrevue avec le cardinal, qui, l'ayant fait asseoir à côté de lui, et ayant pris le soin de bien fermer la porte de sa chambre, lui dit: « Faisons connoissance, » je vous prie, car je ne vous connois que de » réputation; vous êtes un de ceux que je con- » nois le moins, vous ne m'avez jamais fait la

» cour, je ne vous ai jamais vu ni au jeu, ni
» aux autres divertissemens, ni dans les visites
» familières qui forment les connoissances et les
» amitiés ; dites-moi quelles sont vos habitudes »?

Il détailla ensuite cette question d'une manière plus embarrassante, en lui demandant précisément comment il étoit avec le procureur-général. On sait que ce procureur-général étoit le surintendant lui-même. M. de Lamoignon sentit les conséquences de la réponse qu'il alloit faire, et se tira fort bien de ce pas hasardeux ; sans blesser la vérité, sans se permettre la bassesse politique de désavouer l'amitié de Fouquet, il fit sentir seulement qu'il comptoit plus encore sur celle de le Tellier. « Celle de Fouquet, ré-
» pliqua le cardinal, seroit pourtant plus im-
» portante ici » ; car, dans ces temps encore voisins des troubles de la Fronde, cette charge de procureur-général donnoit une grande force à Fouquet, et d'ailleurs il étoit bon que le premier président fût bien avec le procureur-général.

Après cette espèce d'interrogatoire, le cardinal dit à M. de Lamoignon : « Voilà la confession
» faite, venons aux paroles sacramentelles ; vous
» serez, de cette affaire-ci, ou président à mor-
» tier, ou premier président : je dis plus,

» vous serez premier président, et vous m'avez
» plus d'obligation de la manière que de la
» chose; car Dieu m'est témoin que, si j'avois
» cru trouver un plus homme de bien que vous
» pour remplir cette place, je l'aurois choisi ».

Lorsque M. de Lamoignon prit congé, le cardinal l'embrassa, et lui dit : « Je connois
» votre modération; nous avons plus d'impa-
» tience de vous voir premier président, que
» vous n'en avez de l'être ».

Le cardinal disoit vrai; le souvenir encore récent des troubles de la Fronde, rendoit le choix d'un premier président encore plus important alors que dans tout autre temps, et nous ne comptons point du tout diminuer la gloire du cardinal Mazarin, en observant l'intérêt qu'il avoit de choisir un homme éclairé, vertueux et modéré : assez d'autres ministres n'auroient pas vu ainsi leur intérêt, et n'auroient pas encore été corrigés de l'abus de préférer à un magistrat de ce caractère un intrigant bien souple qui les eût mieux flattés.

L'importance même de ce choix fit que l'affaire ne fut point consommée alors : le roi partoit pour la campagne de 1658, et on jugeoit (ce furent les termes du cardinal) que sa présence à Paris ne seroit pas inutile dans les commencemens de cet établissement. On se contenta d'assurer, par des brevets, la place de président à mortier, et à M. de Lamoignon, et à M. de Nesmond, et on laissa aux autres prétendans toutes leurs espérances.

Lorsque M. de Lamoignon alla remercier le cardinal de l'expédition de ces brevets, le cardinal lui dit, en l'embrassant : « Je persiste, » vous serez premier président, non pas à cause » que je vous l'ai dit, mais parce que vous le » seriez quand je ne vous l'aurois pas dit ; vous » serez premier président, parce que je le veux, » parce que le roi le veut, et parce que Dieu » le veut. Vous savez ce qui est écrit dans l'Evan- » gile : *Super cathedram Moysi sederunt Scri-* » *bæ*, etc. Je suis un scribe assis sur la chaire de » Moïse (1), dans laquelle Dieu me fait con- » noître ce qui lui plaît. Il sait que je l'ai prié » et fait prier instamment, par quantité de » bonnes âmes, de m'inspirer sur ce choix, et

―――――――――

(1) Cette citation n'est pas fort juste ; c'est un peu citer pour citer. L'Evangile ne parle des scribes et des pharisiens assis sur la chaire de Moïse, que pour amener cette conséquence : *Faites donc ce qu'ils vous disent, mais ne faites pas ce qu'ils font*. Il ne s'agit de rien de semblable dans l'application.

» il ne m'a point donné d'autre pensée que de
» vous choisir ».

Ce qu'ajouta le cardinal est encore plus important : « Vous serez premier président pour
» servir avec honneur et conscience ; jamais on
» ne vous demandera rien d'injuste ; et, dès à
» présent, je déroge à toutes les prières contraires
» que je vous pourrois jamais faire ; même si le roi
» ou la reine vous demandoient quelque chose
» qui fût contre la justice, je prends sur moi de
» vous en garantir de telle sorte que vous ne
» devrez avoir aucune peine à les refuser. Nous
» travaillerons ensemble au soulagement du
» peuple ». Je crois, dit M. de Lamoignon,
ne rien ajouter, ni même changer aucune de
ses paroles.

Au retour de la campagne, le cardinal manda
M. de Lamoignon, et lui dit : « Eh bien ! il y a
» assez long-temps que vous êtes dans le novi-
» ciat ; il faut faire profession et terminer l'af-
» faire. On a fait de grandes offres, si le roi
» les eût voulu écouter ; on a offert encore,
» depuis peu de jours, six vingt mille pistoles ;
» mais, quelque besoin qu'en ait le roi, il vau-
» droit mieux qu'il les donnât pour avoir un
» bon premier président que de les recevoir ».

L'affaire fut conclue en effet, et M. de Lamoignon prêta serment, comme premier président, le 4 octobre 1658. Le président de Nesmond garda sa charge, et en obtint la survivance pour son fils aîné, avec la promesse d'un évêché pour un autre de ses fils, qui étoit dans l'état ecclésiastique.

Le choix qu'on avoit fait de M. de Lamoignon fut applaudi, même de ses concurrens.

Le cardinal qui, après tant d'agitations, ne désiroit que le repos, vit son attente remplie pendant le reste de son ministère : jamais le parlement n'avoit été plus paisible, ni l'autorité plus respectée; jamais l'administration de la justice n'avoit été plus régulière ni plus pure; jamais on ne chercha le bien avec plus de constance, et le mieux avec plus de prudence, et les peuples auroient pu être heureux, si un vain amour de gloire, égarant l'esprit d'un jeune monarque, ne l'avoit jeté dans des guerres qu'il n'aimoit pas, quoiqu'il en ait dit, et qu'il ne faisoit point par lui-même, mais qui épuisoient le royaume et aggravoient le joug des sujets.

M. de Lamoignon servit constamment l'Etat que d'autres opprimoient. Nous ne pouvons entrer ici dans tous les détails d'une vie uniquement consacrée au bien public, nous nous contenterons d'observer que M. de Lamoignon est parmi les premiers présidens, ce que l'Hôpital et d'Aguesseau sont parmi les chanceliers.

Arrêtons-nous aux époques principales de sa vie. Tous les ministres ne s'étoient pas piqués de tenir la parole que lui avoit donnée le cardinal Mazarin, de ne jamais lui rien demander d'injuste. Le surintendant, homme aussi funeste à l'Etat par ses profusions que cher à quelques particuliers par ses inclinations généreuses, le fatiguoit de ses sollicitations despotiques, dont l'objet n'étoit pas toujours légitime; il abusoit des droits de bienfaiteur sans l'avoir été, quoique, par intérêt, il eût voulu l'être. De plus, toujours occupé de la chancellerie, il vouloit que M. de Lamoignon s'engageât à lui céder cette place, s'il arrivoit que le roi la lui offrît; M. de Lamoignon trouva qu'il y auroit du ridicule à disposer ainsi d'avance, par un refus, d'une place à laquelle il n'avoit jamais pensé, mais à laquelle il lui convenoit encore moins de renoncer.

De jour en jour les idées du surintendant s'exaltoient davantage, et ses persécutions redoubloient. Le premier président, forcé d'abord à la réserve, puis à la résistance, le fut enfin à une rupture presque ouverte. Fouquet chercha tous les moyens de lui nuire, et M. de Lamoignon tous ceux de le servir; mais son cœur s'étoit éloigné de cet ambitieux; il s'imposoit la loi d'en parler toujours avec éloge et avec reconnoissance; mais il ne l'aimoit plus, et il lui appliquoit ces paroles d'un pseaume : *Dirupisti vincula mea, tibi sacrificabo hostiam laudis.*

Ce malheureux tomba dans la disgrâce; M. de Lamoignon alors eût été son défenseur; mais il fut son juge, et le chef de ses juges. On le mit à la tête d'une chambre de justice établie pour faire le procès, non-seulement au surintendant, mais à tous ceux qui, sous lui, avoient eu part à l'administration des finances.

Le roi étoit extrêmement irrité contre Fouquet. Le premier président rapporte que, lorsqu'il alla, au commencement de novembre 1661, à Fontainebleau, complimenter le roi sur la naissance du dauphin, deux mois après que Fouquet eut été arrêté, le roi lui dit, en parlant de ce ministre : « Il se vouloit faire duc de Bretagne et roi des isles adjacentes; il gagnoit tout le monde par ses profusions; je n'avois plus personne en qui je pusse prendre confiance ». Le roi, ajoute M. de Lamoignon, étoit si plein de ce sujet, que, pendant plus d'une heure d'entretien, il y revenoit toujours.

Relation d'un voyage fait à Fontainebleau. (C'est un des écrits de M. le premier président).

Plus le roi mettoit de chaleur dans cette affaire, plus M. de Lamoignon sentit qu'il devoit y mettre de modération. Aussi le voit-on toujours, dans le cours de ce procès, s'efforcer d'adoucir la situation du malheureux Fouquet, lui faciliter tous les moyens possibles et honnêtes de se justifier; se prêter à tout ce que la justice permettoit d'indulgence, et régler toute sa conduite sur ce principe d'humanité, principe légal si souvent méconnu en matière criminelle : *Que l'accusé est réputé innocent jusqu'à la conviction.* Il fit donner à Fouquet un conseil, et un conseil libre, c'est-à-dire, qui n'étoit gêné par l'assistance d'aucun témoin.

<small>Journal de la chambre de justice, écrit par Guillaume de Lamoignon, premier président.</small>

Colbert voulut sonder les dispositions du premier président à l'égard de Fouquet. *Un juge,* répondit le premier président, *ne dit son avis qu'une fois et que sur les fleurs de lys.*

Il n'en fallut pas davantage pour rendre Colbert plus ennemi du premier président que ne l'avoit été Fouquet. Rien n'irrite les esprits passionnés comme la modération et la raison, parce que c'est ce qui les condamne le plus hautement; ils aimeroient mieux qu'on leur opposât de la colère, elle les justifieroit à leurs yeux. Colbert, qui avoit fait passer dans l'âme du roi toute sa haine pour Fouquet, engagea ce prince à donner à M. de Lamoignon des marques de mécontentement auxquelles ce magistrat fut sensible comme il le devoit; il rapporta au roi les provisions de sa charge, et profita de la conjoncture pour lui dire de ces vérités utiles, dont la force est si grande dans la bouche d'un homme vertueux qui se sacrifie. Le roi n'accepta point le sacrifice; il répara, par ces mots obligeans qu'il savoit si bien dire de lui-même, les termes d'animadversion qu'on lui avoit suggérés; et, le jour même, il envoya le Tellier dire au premier président qu'il feroit plaisir au roi de bien vivre avec M. Colbert, et d'oublier ce qui s'étoit passé entr'eux. M. de Lamoignon rendoit justice aux talens et aux intentions de M. Colbert, il blâmoit seulement certains moyens que ce ministre employoit; il blâmoit surtout ses manières dures et austères, qui gâtoient souvent le bien qu'il faisoit, et qui répugnoient si fort à la douceur, à l'aménité de M. de Lamoignon ; celui-ci admiroit, sans effort, les grandes qualités de M. Colbert; Colbert respectoit, malgré lui, les grandes vertus de M. de Lamoignon. Mais, il faut l'avouer, ces deux hommes rares eurent le malheur de n'être point amis.

M. Fouquet, apprenant que M. de Lamoignon étoit à la tête de la chambre de justice, jugea, en courtisan et en ministre, du motif qu'avoient eu des courtisans et des ministres pour faire ce choix; mais il jugea aussi qu'ils s'étoient trompés, en croyant un vrai magistrat capable de ressentiment. Cependant cet homme altier fit une démarche que n'eût pas faite le modeste Lamoignon; il s'humilia devant lui, et le fit prier d'oublier ses torts. La réponse de M. de Lamoignon fut : *Je me souviens seulement qu'il fut mon ami, et que je suis son juge.*

Une particularité assez singulière du procès de M. Fouquet, est qu'il se méprit tellement sur les dispositions de ses juges à son égard, que, quand il fallut nommer les rapporteurs, Mme. Fouquet la mère pria M. le premier président de donner l'exclusion à ce même M. d'Ormesson, qui s'acquit tant d'honneur dans cette affaire par sa courageuse indulgence envers Fouquet. Elle demanda aussi l'exclusion pour M. Cormier de Sainte-Hélène, conseiller au parlement de Rouen, qui étoit aussi de la chambre de justice, et, en ce point, elle rencontra mieux, car M. de Sainte-Hélène conclut à la mort.

On sut sans doute à la cour l'exclusion demandée par Mme. Fouquet pour ces deux juges, et ils y gagnèrent dans l'esprit des ministres. Le jeudi 12 octobre 1662, le roi manda le premier président, et voulut le voir, quoiqu'il s'excusât de paroître à la cour, sur ce que son fils aîné avoit alors la petite-vérole dans sa maison.

Le roi lui dit de nommer pour rapporteurs M. d'Ormesson et M. de Sainte-Hélène. M. le premier président allégua la prière de Mme. Fouquet; « Ce sont, dit-il, les deux seuls qu'elle ait exclus » : « Elle craint, répliqua le roi, » l'intégrité connue de ces magistrats, et cette » crainte est une raison de plus pour les nom- » mer ». M. le premier président convint de leur intégrité; mais il représenta que, comme il s'étoit fait une loi de ne jamais donner aux parties les rapporteurs qu'elles demandoient, il s'en étoit fait une aussi de ne leur jamais donner ceux qu'elles excluoient. « Que l'accusé, » dit le roi, fort bien instruit par ses ministres, » propose ses moyens de récusation, la chambre » en jugera ». « Il n'en est pas d'un rapporteur » comme d'un juge ordinaire, répliqua M. de » Lamoignon; le juge est nécessaire, on choi- » sit le rapporteur, et il n'y a jamais de nécessité » que ce soit l'un plutôt que l'autre. Voilà pour-

» quoi il faut des moyens de récusation contre
» un juge, tandis que la simple demande des
» parties, même sans alléguer aucune raison,
» doit suffire pour exclure de la fonction de
» rapporteur : de plus, le rapporteur d'un
» procès criminel a bien plus d'influence sur
» le sort de l'accusé que les autres juges, dont
» il peut même déterminer la voix par son
» rapport ». Le roi, voyant qu'il avoit réponse
à tout, finit par montrer l'autorité : *Dites
que c'est moi qui vous l'ai commandé*, dit-il.
M. le premier président pria le roi de prendre
du temps pour faire ses réflexions avant de lui
donner ses derniers ordres; le roi assura que
ses réflexions étoient faites, et que sa volonté
sur cet article seroit immuable. M. le premier
président feignit de ne pas l'entendre, et ne se
pressa point d'obéir ; il fit les plus vifs reproches
à M. le Tellier et à M. Colbert sur cette violence, sur les étranges idées qu'elle feroit naître;
il leur dit *qu'on n'en avoit jamais usé de telle
sorte.* Il ne put tirer d'eux aucune réponse; tous
deux feignoient de se retirer de cette affaire (1);

---

(1) M. de Turenne disoit de ces deux ministres :
« M. Colbert a plus d'envie que M. Fouquet soit pendu,
» et M. le Tellier a plus de peur qu'il ne le soit pas ».
Mém. de Choisy.

mais en se retirant, ils mettoient le roi à leur place ; ils n'employèrent que son nom pour toute raison; ils firent donner à M. de Lamoignon les ordres les plus pressans; le greffier, à leur instigation, lui présenta plusieurs fois le registre ; enfin, après six jours de delai et de résistance, M. de Lamoignon obéit : on ne désobéissoit point à Louis XIV.

Mais cette condescendance fut-elle une foiblesse? Non, ce fut l'ouvrage de la raison. M. de Lamoignon nous rend compte lui-même des motifs qui le déterminèrent à mettre des bornes à la résistance. Après avoir beaucoup consulté, et s'être bien consulté, il conclut que ce qu'on exigeoit de lui n'étoit une irrégularité que dans les principes austères qu'il s'étoit faits; qu'il n'en résultoit aucune infraction aux lois; qu'en donnant lieu à des soupçons injustes, l'autorité commettoit une imprudence, mais non pas une prévarication ; qu'un refus persévérant deviendroit une insulte pour deux magistrats irréprochables, dont l'un (M. d'Ormesson) qui étoit son ami, joignoit à toute la délicatesse de la probité, tout le courage de la vertu, et que ce seroit peut-être servir l'accusé malgré lui-même, que de remettre son sort dans des mains si pures et si saintes.

Cependant cette résistance, quoiqu'elle eût eu un terme, avoit alarmé les ennemis de Fouquet; l'impartialité de M. le premier président, premier devoir de sa place, ne leur paroissoit qu'une rigidité incommode, ou qu'une prévention en faveur de l'accusé; on voulut du moins lui ôter la présidence. Le dimanche 10 décembre 1662, le roi manda le premier président, et lui dit : « Cette affaire tourne en » longueur; je veux l'accélérer; le palais vous » occupe, et vous ne pouvez pas tout faire; » j'ai dit au chancelier d'entrer dorénavant à » la chambre de justice, ce qui ne doit pas vous » empêcher d'y aller, quand vos occupations » vous le permettront ». « Je tiendrai toujours » à honneur, dit M. de Lamoignon, d'être » présidé par le chef de la magistrature; j'ai » appris sous lui mon métier au conseil, je puis » encore apprendre de lui beaucoup de choses ». Le roi, qui s'étoit attendu à plus de mécontentement, voulut corriger par des paroles obligeantes le dégoût qu'il croyoit donner à M. le premier président : « *Je ne conçois pas*, dit-il, » *comment vous avez pu suffire au double tra-* » *vail du palais et de la chambre de justice* ». Le lendemain, le chancelier vint prendre séance, et fut reçu par le premier président; en sortant, il avertit les juges de se trouver désormais à la chambre à neuf heures du matin. « Je n'aurai donc point l'honneur de vous y recevoir », dit le premier président, « on ne sort point du palais » de si bonne heure ». « Nous prendrons votre » temps, dit le chancelier, et il le prit »; ce qui obligea le premier président de se trouver à la chambre; mais, en sortant, le chancelier dit que le roi l'*avoit tancé d'être si paresseux*, et qu'il viendroit le lendemain à neuf heures. En conséquence, le premier président n'y vint point, et n'y parut plus dans la suite que très-rarement, dans l'après-midi seulement, et lorsqu'il s'agissoit d'incidens commencés sous sa présidence, et à la décision desquels sa présence paroissoit nécessaire; il se retira insensiblement, sans éclat, sans annoncer qu'il se retiroit, sans faire de sa retraite un événement; quand on lui en parloit, il n'alléguoit que l'incompatibilité des heures du palais et de la chambre: *Ce n'est point moi*, disoit-il, *qui quitte la chambre; c'est elle qui me quitte.* Le Tellier approuva sa retraite; Colbert, qui n'avoit voulu que lui ôter l'influence que donne la présidence, mais qui craignoit sa retraite comme une condamnation des opérations de la chambre, le fit prier, *en ami*, « de ne point quitter; c'étoit

« un conseil qu'il lui donnoit pour l'intérêt
« même de M. de Lamoignon et de sa famille;
« il trouveroit plus d'occasions de servir le roi,
« et surtout de lui plaire dans un mois de
« chambre de justice, que dans trente ans de
« travaux au palais », tant les services du moment, et qui flattent les passions actuelles, l'emportent aux yeux de la cour sur ces services de tous les temps, qui maintiennent l'ordre, et qui font la sûreté publique!

On lui offrit, pour le faire rentrer à la chambre, de partager la présidence entre le chancelier et lui, de donner le matin au chancelier, et le soir au premier président.

On alla ensuite jusqu'à offrir d'exclure entièrement de la chambre le chancelier, et de rendre au premier président la présidence entière, pourvu qu'il voulût conférer en particulier des affaires de la chambre avec les juges qui avoient la confiance de M. Colbert.

On en vint enfin jusqu'à lui proposer de reprendre seul la présidence entière, comme auparavant, et sans condition.

Il persévéra dans son refus, et disoit à ses amis: *Lavavi manus meas, quomodò inquinabo eas?*

Il croyoit M. Fouquet coupable, au moins

de péculat ; mais il voyoit que, par l'acharnement avec lequel on avoit poursuivi cet infortuné ministre, on étoit parvenu à répandre sur lui tout l'intérêt de l'innocence opprimée ; il croyoit juste de punir et de dépouiller les financiers prévaricateurs qui s'étoient engraissés du sang du peuple, et il avoit été le premier à conseiller au roi d'établir contre eux une chambre de justice, long-temps même avant la détention de Fouquet ; mais il voyoit que cette chambre, par l'action continuelle de la cour, perdoit, de jour en jour, le premier caractère d'un tribunal de justice, l'impartialité ; qu'elle devenoit un instrument dans la main des ministres pour perdre leurs ennemis.

De plus, deux choses lui avoient toujours fait de la peine dans sa fonction de juge de M. Fouquet ; l'une étoit l'amitié qui les avoit unis ; l'autre, l'espèce d'inimitié qui avoit succédé à ce premier sentiment. La première le rendoit suspect à la cour ; la seconde pouvoit le rendre suspect au peuple.

On ne sera peut-être pas fâché de trouver ici quelques traits du caractère de M. Colbert, tracés de la main de M. le premier président de Lamoignon. « C'est, dit-il, un des esprits du

» monde les plus difficiles pour ceux qui ne
» sont ni d'humeur, ni d'état à lui être entière-
» ment soumis ».

« Cela vient plutôt de son humeur que d'aucune
» mauvaise volonté ; mais cette humeur est
» capable de produire de bien mauvais effets ;
» car il la suit entièrement, et il se fortifie
» dans ses défauts par ses bonnes qualités ; et
» comme il est plein de la connoissance des ser-
» vices qu'il rend, lesquels sont en effet très-
» grands, et tels que je crois qu'il n'y a per-
» sonne qui pût travailler avec plus d'applica-
» tion, avec plus de fidélité et de capacité,
» même avec plus de succès, pour dégager les
» finances du roi, pour en ôter les abus, et y
» établir un ordre excellent; cette connoissance
» lui fait croire que tout ce qui ne suit pas ses
» sentimens est mauvais ; qu'on ne peut le
» contredire sans ignorance ou sans malignité,
» et il est si persuadé que toute la bonne inten-
» tion est chez lui, qu'il ne peut pas croire
» qu'il s'en puisse trouver chez les autres, à
» moins qu'ils ne se rangent entièrement à son
» avis ; c'est ce qui le porte à vouloir trop
» fortement ce qu'il veut, et à employer toute
» sorte de moyens pour parvenir à la fin qu'il
» s'est proposée, sans considérer que bien sou-

» vent les moyens sont tels qu'ils peuvent rendre
» mauvaise la meilleure fin du monde ».

« Son humeur et son habitude le portent aussi
» à conduire toutes choses despotiquement;
» et, comme il n'a pas été dans les compagnies
» réglées, où on apprend à déférer aux senti-
» mens des autres, et à régler sa conduite
» et son propre jugement par le secours de
» ceux avec lesquels on travaille, il croit
» devoir tout décider et tout emporter par
» sa seule autorité, sans se concerter avec
» ceux qui ont titre et caractère pour ju-
» ger des objets dont il s'agit; au con-
» traire, ce sont ceux-là dont il est le plus
» éloigné de prendre conseil, parce que ce
» seroit comme un partage d'autorité qu'il ne
» peut souffrir, et cette même disposition le
» jette dans une autre extrémité qui paroît
» d'abord bien opposée, mais qui procède du
» même principe, et que j'ai retrouvée dans
» plusieurs personnes du même caractère; c'est
» d'être très-susceptible des différentes impres-
» sions que ses valets, et ceux qui sont entiè-
» rement soumis à ses ordres, lui veulent don-
» ner. La défiance et les soupçons suivent
» presque toujours ces dispositions-là; aussi je

» n'ai vu personne qui en soit plus suscep-
» tible ».

On voit ici les causes naturelles de l'éloignement qu'avoit pour Colbert cet homme doux, affable et patient, dont M. Fléchier a dit :

« Jamais il ne s'éleva sur son front serein
» aucun de ces nuages que forme le dégoût
» ou la défiance ».

On y voit aussi cet esprit de modération et de justice qui préside aux jugemens mêmes que M. de Lamoignon portoit sur ses ennemis. Ces sentimens étoient dans son cœur, et ne lui étoient ni inspirés, ni pour ainsi dire commandés par la réputation de M. Colbert, dont la gloire posthume n'a point frappé les yeux de M. de Lamoignon, mort six ans avant lui. Dans le temps où ce magistrat exaltoit ainsi les grands talens, les grands services, les vues droites, pures et vastes de son ennemi, cet ennemi étoit l'objet d'une haine générale que M. de Lamoignon avoit la générosité de contredire.

Quant à M. Colbert, sa conduite et ses dispositions à l'égard de M. de Lamoignon étoient dans une variation continuelle; tantôt il lui témoignoit un excès de confiance dont M. de

Lamoignon étoit étonné; tantôt, craignant l'ascendant de M. de Lamoignon, et ses talens pour la persuasion, il refusoit de conférer avec lui, et fermoit volontairement les yeux et l'oreille à la vérité; tantôt il cherchoit à le prendre par son intérêt et celui de sa famille; tantôt il le faisoit ou presser ou réprimander par le roi; mais il étoit jaloux de son approbation, blessé de sa censure, et on sent qu'il l'auroit beaucoup aimé, si la douceur de M. de Lamoignon avoit pu être de la souplesse.

Ils se trouvèrent encore en opposition et en rivalité dans une autre affaire très-importante. Le roi voulut réformer la justice comme les finances, et M. de Lamoignon n'avoit pas peu contribué à lui inspirer l'une et l'autre idée; il avoit, long-tems avant la réformation des ordonnances, présenté au roi un projet de réforme concernant la justice; ce projet, que nous trouvons parmi les papiers de la famille, contient le germe des plus grandes idées. Personne en effet ne pouvoit être employé plus utilement à ce grand ouvrage que M. le premier président.

M. le Tellier, qui aspiroit dès lors à la dignité de chancelier, qu'il n'eut qu'après le chancelier d'Aligre, pria M. de Lamoignon de lui laisser

prendre la première place dans cet ouvrage ; M. le premier président y consentit : mais, dit M. le président de Lamoignon, dans la vie du premier président son père, « Il le pria de ne
» p s en user comme il avoit fait lors de la
» chambre de justice ; car, après lui avoir pro-
» mis qu'il n'auroit de relations qu'avec lui, il
» l'abandonna, aussitôt qu'elle fut commencée,
» à l'impétuosité de M. Colbert ».

« Ce qui étoit arrivé dans la chambre de
» justice arriva encore dans la réformation.
» Ce ministre n'a jamais été bien sûr pour les
» garanties. Il n'aime que sa famille et surtout
» sa personne, et il est si foible, que, si son fils
» n'avoit pas pris sur lui l'ascendant qu'il a,
» on le verroit, sans aucun chagrin, porter
» le porte-feuille chez M. Colbert, qui etoit, il
» n'y a pas trente ans, commis d'un de ses
» commis ».

M. Colbert, qui aspiroit à la dignité de chancelier, aussi-bien que le Tellier, s'étant emparé de cette affaire, M. Pussort, conseiller d'état, qui ne renonçoit pas non plus à la chancellerie, quoiqu'il fût oncle et créature de Colbert, qui y pensoit pour son compte ; Pussort qui, dans le procès de Fouquet, s'étoit distingué en opinant à mort avec une ardeur que Mme. de Sévigné qualifie *d'emportement et de rage*, fut préféré au premier président, et mis à la tête de la réformation.

« C'étoit assurément, dit M. le premier pré-
» sident, un homme de beaucoup d'intégrité
» et de capacité, mais si féroce, d'un naturel
» si peu sociable, si emporté dans ses préven-
» tions, et si éloigné de l'honnêteté et de la
» déférence qu'on doit avoir dans une com-
» pagnie, et d'ailleurs si prévenu de son sens,
» et si persuadé qu'il n'y avoit que lui seul
» qui eût bonne intention, qu'il étoit toujours
» prêt à perdre le respect dû à la compagnie
» (la chambre de justice), et à la place que j'y
» tenois ». Journal de la chambre de justice.

Tandis qu'avec d'habiles coopérateurs, M. Pussort composoit un ouvrage auquel M. de Lamoignon mit dans la suite la dernière main, celui-ci, avec des jurisconsultes de son choix, dont les principaux étoient M. de Fourcroix et M. Auzanet, travailloit sur un plan beaucoup plus vaste.

« Comme le génie de ceux qui travailloient
» à la réformation de la justice », c'est-à-dire, de M. Pussort et de ses adjoints, dit Chrétien-François de Lamoignon, « n'étoit pas fort

» étendu, ils s'arrêtèrent à ce qui en fait la
» moindre partie, qui est la procédure ».

Ce jugement, un peu sévère, est peut-être d'un fils qui venge un père qu'il pleure encore ; car on sent que Chrétien-François, jeune, vif, sensible, écrivant la vie de son père, dans toute la douleur de sa perte récente, a pu se permettre contre Colbert et Pussort, ennemis de ce père illustre, une animosité que celui-ci s'étoit absolument interdite, et peut-être Chrétien-François eût-il adouci certains traits, s'il eût revu son ouvrage dans un âge plus avancé, dans un temps plus éloigné de la mort de son père; mais enfin il est certain que M. le premier président s'étoit fait une idée plus grande et plus noble de la réformation de la justice ; il vouloit que Louis XIV fût le Justinien de la France, qu'il eût la gloire de donner à sa nation une législation complète. Louis XI étoit un mauvais roi ; mais il n'avoit pas toujours tort ; le désir qu'il avoit montré qu'il n'y eût en France qu'une coutume, qu'un poids, qu'une mesure, et que toutes les lois fussent mises en français *dans un beau livre*, étoit d'un esprit aussi éclairé qu'étendu. C'est ce vœu que M. de Lamoignon cherchoit à remplir ; c'étoit un code général et uniforme qu'il vouloit former ; c'est cette multiplicité de lois contraires, qui rend les différentes provinces d'un même royaume étrangères les unes aux autres, et en quelque sorte ennemies ; c'est cette diversité, ce combat de jurisprudence dans les différens tribunaux qu'il vouloit faire disparoître ; il vouloit qu'on prît de chaque coutume ce qu'elle contient de plus conforme à la nature et à la raison, pour en faire la loi générale du royaume.

« Il n'est point de loi », dit Louis XV dans les belles ordonnances qu'il nous a laissées, ouvrage de la sagesse de M. le chancelier d'Aguesseau, « Il n'est point de loi qui ne
» renferme le vœu de la perpétuité et de l'uni-
» formité; cette uniformité est également hono-
» rable au législateur, et avantageuse aux su-
» jets..... La diversité de jurisprudence pro-
» duit les plus grands inconvéniens ».

C'est à des vues si saines que nous devons l'utile ouvrage *des Arrêtés*, dont M. le chancelier d'Aguesseau, si bon juge à tous égards, et en particulier dans cette matière, a dit : « que c'est l'ouvrage le plus propre à former
» cette étendue et cette supériorité d'esprit
» avec laquelle on doit embrasser le droit fran-

» çais, si l'on en veut posséder parfaitement les
» principes ».

Pour donner une idée de l'esprit dans lequel est composé cet ouvrage, et du respect qu'on y montre pour l'humanité, il suffiroit d'en citer le premier article.

« Nous voulons, à l'exemple du roi S. Louis,
» notre aïeul, et de plusieurs autres rois nos
» prédécesseurs, en accordant à tout notre
» royaume ce qu'ils ont ordonné pour quel-
» ques endroits seulement, que tous nos sujets
» soient libres et de franche condition, sans
» taxe de servitude, que nous abolissons dans
» toutes les terres et pays de notre obéissance,
» sans qu'à cause de la précédente manumission
» et affranchissement, les seigneurs puissent
» prétendre aucuns droits, en vertu des cou-
» tumes auxquelles nous avons dérogé ».

Nous n'insisterons pas davantage sur le mérite si connu de ces arrêtés. Les voici : il suffit de les lire; et ce n'est pas seulement aux gens de loi que l'agrément et l'utilité de cette lecture se font sentir, mais à tous les bons esprits qui ont réfléchi sur les lois, et qui, ne reconnois-sant plus une étude si digne de l'homme, dans un chaos de lois barbares et contradictoires, renonceroient à cette étude, s'ils ne la trouvoient, dans ces arrêtés, réduite à ses vrais élémens, abrégée, simplifiée, ramenée à un seul principe toujours le même, celui qui se rapproche le plus de la nature et du vœu général de l'humanité. Au reste, nous ne pourrions que transcrire les éloges donnés à l'envi à cet ouvrage par tous les jurisconsultes et tous les magistrats. Il n'en est point sur lequel on trouve un concert de louanges si parfait et si unanime. Nous ne pouvons cependant nous dispenser de répéter, après tout le monde, que ces arrêtés, sans être expressément revêtus du caractère de lois, en ont acquis toute la force par l'éclat imposant et soutenu de leur réputation et de leur sagesse ; ce sont des axiomes de justice au moins aussi respectés que les lois les plus formelles. C'est qu'il y a des lois nées, pour ainsi dire, qui n'ont pas besoin que l'autorité leur imprime ce caractère de loi, parce qu'il leur est inhérent et qu'elles le tiennent d'elles-mêmes : en effet, l'empire appartient essentiellement à la raison, et n'appartient qu'à elle. Tout ce qui est souverainement juste et raisonnable est loi, et les lois les plus impérieuses que la raison désavoue, se détruisent et tombent d'elles-mêmes.

Nous ne connoissons que deux livres qui

aient dû ainsi à l'évidence de la raison l'avantage d'avoir d'abord, et pour toujours, force de loi ; ces deux livres sont le célèbre ouvrage de Pithou sur les libertés de l'église gallicane, et les arrêtés de M. le premier président de Lamoignon.

Quant à M. Pussort et à ses adjoints, « le » peu d'expérience qu'ils avoient des formes » du parlement, dit encore Chrétien-François » de Lamoignon, les fit tomber en mille er- » reurs, et les obligea de donner au public un » ouvrage très-imparfait ».

C'est toujours la même sévérité de jugement ; mais il paroît qu'en effet ce défaut fut senti par les auteurs mêmes de l'ouvrage, et qu'ils eurent aussi le mérite de sentir, quoiqu'un peu tard, le besoin qu'ils avoient de M. de Lamoignon pour le corriger et le perfectionner. Le roi manda M. de Lamoignon, et le pria d'examiner cet ouvrage avec tout le soin que lui inspireroient son zèle pour le bien public, et son attachement pour la personne du roi ; « Il croyoit, disoit-il, que M. de Lamoignon » oublieroit, dans cet examen, qu'on n'avoit » pas profité, autant qu'on le pouvoit, de ses » lumières, et qu'il songeroit seulement que

« cette ordonnance devoit porter le nom du
« roi à la postérité ».

C'étoit connoître M. de Lamoignon. « Qu'il
« étoit éloigné, dit M. Fléchier, de l'humeur
« de ces hommes vains et intéressés, qui
« n'aiment la vertu que pour la réputation
« qu'elle donne, et qui n'auroient point de
« plaisir à bien faire, s'ils n'avoient l'art de faire
« valoir tout le bien qu'ils font ».

Le procès-verbal des conférences tenues par ordre du roi, pour l'examen de l'ordonnance civile et de l'ordonnance criminelle, est un monument qui nous montre comment M. de Lamoignon sut à la fois répondre aux vues du roi, et défendre les moindres intérêts de la justice.

Ce que M. le premier président dit avec la modération qui lui est propre, et ce que le président de Lamoignon, défendant la mémoire de son père, dit peut-être avec un peu plus de force, du caractère tranchant et impérieux de MM. Colbert et Pussort, de leur ignorance des formes, ou de leur peu d'égard pour ces formes si souvent utiles, paroît justifié par l'anecdote suivante.

Le premier projet de M. Colbert étoit que le travail de M. Pussort fût secret, et que l'ordonnance, sans avoir été communiquée à aucune personne du parlement, fût publiée par la seule autorité souveraine, c'est-à-dire, enregistrée dans un lit de justice. M. de Lamoignon, averti de ce projet, et plein de ses grandes vues de législation et de jurisprudence, qu'il avoit déjà plus d'une fois communiquées à Louis XIV, alla trouver ce prince; il lui proposa, d'une manière plus pressante, et comme un moyen d'illustrer son règne, cette idée de réformer la justice après les finances; il lui reparla du travail qu'il avoit fait sur cette matière, sans paroître instruit de celui dont M. Pussort étoit occupé. Le roi lui dit : « M. Colbert emploie » actuellement M. Pussort à ce travail; voyez » M. Colbert, et concertez-vous ensemble ». Appuyé de cet ordre, M. de Lamoignon alla s'expliquer avec M. Colbert, qui, surpris de la confidence que le roi avoit faite à M. le premier président, vit par là ses projets despotiques entièrement déconcertés. Ce fut ainsi que s'entamèrent les conférences dont le procès-verbal imprimé prouve assez combien elles étoient nécessaires, puisque quantité d'articles de l'ordonnance ont été réformés ou modifiés en conséquence, M. Colbert et M. Pussort ayant voulu profiter, pour la correction de leur ouvrage,

de

de l'obligation où ils se virent de le communiquer.

Voici une autre anecdote qui mérite d'être enfin connue. Le parlement voulut s'élever contre l'ouvrage de la réformation. La cinquième chambre des enquêtes se distingua surtout par son opposition, et M. l'abbé Amelot, depuis archevêque de Tours, alors conseiller dans cette chambre, se donna de grands mouvemens pour faire entrer les autres chambres dans le même esprit. La cour fut instruite de ces mouvemens; on croira peut-être qu'elle engagea M. le premier président à les réprimer? Au contraire, elle sentoit sa force alors, et vouloit se venger, par un coup d'autorité, des affronts qu'elle avoit éprouvés du temps de la Fronde; il lui falloit un prétexte ou une cause, et ces mouvemens fournissoient l'un ou l'autre; elle désiroit que le parlement se rendît coupable à ses yeux pour avoir le droit de le punir par la suppression de cette cinquième chambre des enquêtes. Les ministres, pleins de ce projet, épuisèrent toute leur adresse et toutes les ressources de l'intrigue pour empêcher le premier président d'opposer sa modération et sa prudence à la chaleur de sa compagnie; mais M. de Lamoignon étoit ce

Fabricius, plus difficile à détourner du juste et de l'honnête, que le soleil de sa course (1). On avoit éprouvé son désintéressement en plus d'une occasion; on lui avoit offert une riche abbaye pour un de ses fils qui n'étoit pas encore en âge de faire le choix d'un état : M. de Lamoignon avoit craint que dans la suite l'Abbaye ne tînt lieu de vocation, et il l'avoit refusée. On voulut pourtant, dans cette occurrence, l'attaquer encore du côté de la fortune : on abusa du besoin qu'il avoit des grâces du roi pour l'établissement d'une famille nombreuse, et du droit que ses services lui donnoient aux récompenses; un émissaire de Colbert vint, de la part de la cour, offrir à M. de Lamoignon une gratification de deux cent mille livres, pourvu qu'il voulût laisser agir le parlement. M. de Lamoignon ne voulut point être complice d'une cour injuste, qui, lorsqu'on pouvoit prévenir les fautes, aimoit mieux les laisser commettre pour avoir le plaisir de les punir. Placé entre le parlement qui couroit au-devant du piége sans le voir, et la cour qui tendoit ce piége, il résista constamment, et à

---

(1) *Ille est Fabricius, qui difficiliùs ab honestate, quàm sol à cursu suo averti potest.* Eutrop., l. 2, c. 14.

la cour, au prix des grâces qu'il en attendoit, et au parlement, au prix de la faveur populaire qu'il perdit pour un temps, le public trompé l'ayant cru d'intelligence avec la cour contre sa compagnie. Fléchier paroît avoir connu ce secret d'Etat. Il y fait évidemment allusion, lorsqu'il dit : « Que ne puis-je vous
» faire voir, du moins en éloignement, des
» espérances rejetées, quand elles ont pu l'enga-
» ger à quelque basse complaisance; .... des
» reproches soutenus constamment, quand il
» a eu pour lui le témoignage de sa cons-
» cience, ... sa propre réputation sacrifiée au
» bien public! Ici, Messieurs, mon silence le
» loue plus que mes paroles : il vous paroît
» sans doute plus grand par les actions que je
» ne dis pas, que par celles que j'ai dites. La
» postérité les verra, quand le temps, qui dévore
» tout, aura rongé les voiles qui les couvrent,
» et qu'il ne restera plus d'intérêt que celui de la
» vérité ».

Nous accomplissons aujourd'hui la prédiction de Fléchier.

Si M. le premier président épargna, dans cette occasion, un coup de foudre au parlement, il lui épargna peut-être un ridicule dont cet illustre corps s'étonneroit aujourd'hui, lorsqu'il avertit Boileau du projet qu'avoit l'université de présenter requête pour la philosophie scolastique contre les nouvelles découvertes, et de l'obligation où le parlement se croiroit peut-être de rendre un arrêt conforme à la requête. Boileau prévint cet arrêt par son *arrêt burlesque*, qui *enjoint au cœur de continuer d'être le principe des nerfs, nonobstant toute expérience à ce contraire ; fait défenses au sang d'être plus vagabond, errer ni circuler dans le corps, sous peine d'être entièrement livré et abandonné à la faculté de médecine, et ordonne aux répétiteurs hibernois de courir sus aux contrevenans, à peine d'être privés du droit de disputer sur les prolégomènes de la logique.* On sait que M. Dongois, greffier de la grand'chambre, neveu de Boileau, poussa la plaisanterie jusqu'à vouloir surprendre la vigilance de M. le premier président, et lui faire signer l'*arrêt burlesque*, caché parmi d'autres expéditions ; mais le magistrat, qui ne signoit rien au hasard, apperçut la fraude, et dit en riant : *voilà un tour de Despréaux*. Il en rit beaucoup avec lui-même, non pas comme d'une plaisanterie indifférente, mais comme d'un badinage utile, qui, dans cette occurrence, avoit sauvé les droits de la raison humaine et l'honneur de deux grands corps ; car l'université ne présenta point sa requête.

L'esprit conciliant de M. de Lamoignon avoit de même sauvé à deux hommes d'un état et d'un caractère respectables, l'éclat d'un procès ridicule. Les talens de Boileau ont éternisé le souvenir de ce débat burlesque, et consacré, par des vers immortels, l'éloge du pacificateur et de sa vertueuse famille.

Tel étoit M. de Lamoignon, toujours ami de la paix, au milieu de cette guerre continuelle que l'intérêt et les petites passions entretiennent au palais : guerre qui a le même principe et à peu près les mêmes succès que celle qu'on honore plus particulièrement de ce nom : guerre à laquelle il ne manque, pour troubler et ravager le monde, qu'un peu plus de puissance et de moyens de nuire de la part des acteurs.

M. de Lamoignon concilioit plus d'affaires qu'il n'en jugeoit : si l'obstination des plaideurs résistoit à ses douces insinuations ; s'il trouvoit en eux des malades incurables, il les plaignoit, il reprenoit paisiblement la fonction de juge, et sa pitié redoubloit ses soins ; infatigable dans le travail, *ma vie et ma santé*, disoit-il, *sont au public, et non à moi.* Toujours accessible et patient, à l'égard même des indiscrets et des importuns, *laissons-leur, disoit-il, la liberté de dire les choses nécessaires, et la consolation d'en dire de superflues. N'ajoutons pas au malheur qu'ils ont d'avoir des procès, celui d'être mal reçus de leurs juges ; nous sommes établis pour examiner leurs droits, et non pas pour éprouver leur patience,* et il leur laissoit éprouver la sienne.

Fléchier, Or. funèb. de M. le premier président de Lamoignon. « Quelqu'un lui parlant d'une affaire, put-il, » par quelque marque de chagrin ou d'impa- » tience, s'appercevoir qu'il en eût d'autres ? » Affligea-t-il les malheureux, et leur fit-il » acheter, par quelque dureté, la justice qu'il » leur a rendue ? Je parle avec d'autant plus » de confiance, que j'ai pour témoins de ce » que je dis la plupart de ceux qui m'en- » tendent ».

C'est ainsi que parloit de lui, devant des auditeurs qui le connoissoient, un homme qui l'avoit bien connu.

Cette douceur portée dans les grandes choses comme dans les petites, dans les affaires d'état comme dans celles des particuliers, adoucit enfin la rudesse de Colbert et la violence de Pussort ; ils desirèrent que l'ordonnance criminelle fût enregistrée sans qu'il en coûtât au roi de tenir un lit de justice; ils pardonnèrent à M. de Lamoignon de n'être soumis qu'au devoir; ils mirent la confiance à la place du despotisme, la simplicité à la place de l'intrigue, et l'ordonnance fut enregistrée.

« Mon fils, disoit au président de Lamoignon, le premier président, ne nous vengeons jamais sur l'état des chagrins que les ministres nous donnent ».

Vie de Guillaume de Lamoignon, par Chrétien-François son fils.

Parmi les manuscrits qui nous restent de M. le premier président de Lamoignon, nous trouvons un mémoire concernant les commissions, qui contient les principes les plus purs sur cette matière si délicate et si importante pour la vie des hommes. Nous trouvons aussi un autre mémoire présenté au roi sur un projet concernant les duels. Parmi ces lois si nombreuses et si insuffisantes qu'on a portées sur cette matière, et que M. le premier président proposoit de réduire en une seule, comme il proposoit de réduire en un seul corps de droit toute la législation française, il y en a une qui conserve la succession de ceux qui ont été tués en duel aux parens qui se seront rendus parties contre le meurtrier, et qui auront fait des poursuites dans les trois mois. Etoient-ce tous les parens concurremment et sans distinction de degré, qui étoient appelés, par cette clause, à venger le mort et à lui succéder, par la disposition du prince, qui, en faveur de leur zèle, vouloit bien leur remettre la confiscation? ou étoit-ce le droit héréditaire qui étoit conservé aux parens à raison de la proximité, mais cependant sous la condition de concourir aux vues du roi, pour l'extinction du duel, en remplissant d'ailleurs le devoir imposé par la nature, de venger leurs parens tués?

M. de Lamoignon réclame la préférence pour les plus proches parens, pour ceux à qui la nature déféreroit la succession du mort, s'il n'étoit point dans le cas de la confiscation. Il prévoit le cas de minorité de la part de ces plus proches parens, et il rend, en ce cas, leurs tuteurs responsables envers eux de toute négligence à cet égard; il fait voir que l'interprétation contraire qui appelleroit tous les parens concurremment et sans égard à la proximité, embarrasseroit infiniment la question, mettroit une étrange confusion entre tant de parens, engageroit dans des questions très-compliquées de généalogie, et qu'on ne sauroit d'ailleurs à quel degré s'arrêter, ce qui jeteroit beaucoup d'arbitraire dans les décisions. Tout ce qu'il dit sur cet objet, ainsi que sur tous les autres, est clair, lumineux, conforme à la nature et à la raison.

J'avouerai sans peine (car les droits de la vérité sont plus chers aux hommes respectables qui m'ont confié ces mémoires, que la gloire même de leur aïeul, et c'est une histoire que j'écris de leur aveu, et non pas un panégyrique), j'avouerai que M. Colbert me paroît avoir eu l'avantage sur M. de Lamoignon, dans un point où ce fut M. de Lamoignon qui l'emporta. M. Colbert vouloit qu'on ne pût disposer de sa personne, par des vœux monastiques, qu'à l'âge où on peut disposer de son bien. M. de Lamoignon crut cette innovation dangereuse ; il y fit substituer le projet de réformer les ordres religieux, et de les rappeler à la pureté originaire de leur institution; projet sans doute utile, dont il s'occupa pendant dix ans. « Ce » grand travail étoit presque achevé », dit son fils (qui, par de fortes raisons de famille, n'aimoit pas MM. de Harlay), « lorsque M. de Harlay » fut nommé archevêque de Paris. Ce prélat, » dont la conduite est peu comparable à celle » des apôtres, a renversé, en peu de temps, tout » le bien qu'on avoit eu tant de peine à faire; » et la postérité aura de la peine à croire » qu'un laïc ait fait à la religion tout le bien

» qu'elle a reçu de M. le premier président,
» et qu'un prélat ait pris tant de peine à le
» détruire ».

Voici encore une occasion où M. de Lamoignon l'emporta sur M. Colbert (même en matière de finance), et où le public peut au moins se partager entre ces deux grands hommes. Lorsque Louis XIV s'engagea dans la grande guerre de 1672, il fallut de l'argent pour la faire. M. de Louvois qui la conseilloit, parce que, d'après les idées vulgaires, il la regardoit comme un moyen d'illustrer son ministère et le regne de Louis XIV, et parce que, d'après ses vues d'ambition, il espéroit reprendre dans la guerre l'ascendant que M. Colbert avoit dans la paix, craignoit que des impôts ne commençassent par décrier la guerre, et désiroit, peut-être un peu contre son caractère, qu'on trouvât des moyens plus doux. M. Colbert, à qui les desseins et les motifs de M. de Louvois ne pouvoient échapper, n'étoit pas fâché de faire ce que craignoit son rival de crédit, et tenoit d'ailleurs à la voie des impôts par des raisons qu'il ne disoit pas. M. de Lamoignon, consulté sur cette affaire pour le parlement, selon l'usage de ce règne, ne suivit que les mouvemens de son cœur ennemi de toute contrainte, et favorable à tout ce qui portoit un caractère de douceur et de liberté ; il chercha des moyens volontaires, et proposa la voie des emprunts et des créations de rentes, soit de lui-même, soit à l'instigation de M. de Louvois. M. Colbert s'y opposa ; mais obligé de taire les véritables raisons, qui n'eussent pas été goûtées, il combattit avec désavantage, et il succomba. Les paroles mémorables qu'il dit à M. de Lamoignon, en sortant de la chambre du roi, lui rendent peut-être tout l'avantage qu'il avoit perdu dans le combat : « Vous triomphez, » dit-il avec dépit, vous pensez avoir fait » l'action d'un homme de bien ! Eh ! ne sa- » vois-je pas aussi bien que vous que le roi » trouveroit de l'argent à emprunter? mais je » me gardois avec soin de le dire. Voilà donc » la voie des emprunts ouverte : quel moyen » reste-t-il désormais d'arrêter le roi dans ses » dépenses ? Après les emprunts, il faudra des » impôts pour les payer ; et, si les emprunts » n'ont point de bornes, les impôts n'en auront » pas davantage ».

Ici la prévoyance de M. Colbert, trop justifiée par les événemens, étoit peut-être plus populaire que la candeur aimable de M. de Lamoignon. Tel est véritablement le double inconvénient des emprunts, que la facilité du moyen peut le faire trop aisément adopter, et que, dans la suite, il nécessite les impôts. Gardons-nous cependant de prononcer sur une matière si délicate. N'est-ce rien, en effet, que d'échapper, pour un temps, aux moyens de contrainte, de les retarder du moins, si on ne peut les empêcher, de les renvoyer même à un temps incertain ? Eh ! qui sait jusqu'à quel point un ministre sage et habile peut, en entretenant d'ailleurs le crédit par une administration juste, rendre les moyens volontaires suffisans, et suspendre l'usage des voies onéreuses ?

Au reste, l'imitation et la rivalité ont fait adopter dans toute l'Europe le système des emprunts, devenu, par le malheur des temps, d'une nécessité si absolue, que M. Colbert lui-même, seroit aujourd'hui forcé de s'en servir. Le plus habile ministre des finances en France, comme en Angleterre, est à présent celui dont les emprunts sont les plus heureux.

Disons tout à la charge de la guerre, le plus horrible et le plus infructueux des moyens politiques. La guerre a tellement accumulé tour à tour et les emprunts et les impôts, qu'aujourd'hui, sans des talens supérieurs, sans l'art difficile de créer des ressources innocentes, sans le courage de recourir aux grandes économies, il n'y a pas, dans l'Europe, une nation qui puisse entrer en guerre sans commencer par faire à ses propres citoyens plus de mal qu'elle ne peut *espérer* d'en faire à ses ennemis, puisque c'est-là un objet d'*espérance*. Ainsi ce sera peut-être la guerre qui, en ôtant tout moyen de la faire, amenera le règne de la paix.

Revenons à cette opposition de sentimens dans M. de Lamoignon et M. Colbert, et à la manière dont le roi se partageoit entr'eux. C'est sans doute un grand mérite dans ce prince d'avoir senti le mérite si différent de ces deux hommes, de les avoir consultés tous les deux, de n'avoir cru ni l'un ni l'autre aveuglément, ni exclusivement, et d'avoir eu l'oreille toujours ouverte à toutes leurs raisons. Mais a-t-il toujours montré assez de discernement dans le choix de ces raisons? Si l'on ne vouloit ici que relever une singularité, on observeroit que le ministre des finances l'emporta dans une affaire de législation (l'ordonnance de 1667), et le magistrat dans une affaire de finance (la question des emprunts). Mais remarquons plus généralement et plus utilement peut-être, que, dans quatre affaires majeures sur lesquelles M. Colbert et M. de Lamoignon furent divisés, celle de M. Fouquet, celle de l'ordonnance de 1667, celle des vœux monastiques, et celle des emprunts: M. Colbert avoit tort dans les deux premières, et que le roi fut pour lui; qu'il avoit raison dans les deux autres, et que le roi fut contre lui; tant il est dans la destinée des rois d'être trompés, ou de se tromper!

Si pourtant Louis XIV prit un mauvais parti dans l'affaire des emprunts (ce que nous devons laisser dans l'incertitude), on ne peut pas le lui imputer, puisque les véritables raisons lui furent dissimulées; mais il eût été bien intéressant de voir quel parti eût pris le monarque, si on l'avoit averti de la facilité dangereuse d'abuser de l'expédient qu'on lui proposoit, et peut-être le devoir du ministre et du magistrat alloit-il jusque-là.

Une relation que M. le premier président nous a laissée d'une audience donnée par lui-même au nonce, le 14 février 1675, justifie bien l'idée que tous les mémoires du temps nous donnent de son esprit conciliant et sage. On avoit mis à l'*Index* à Rome deux thèses soutenues en sorbonne, et dans lesquelles l'indépendance des rois pour le temporel étoit établie; cette affaire agitoit fort la sorbonne, et le parlement en avoit pris connoissance. Il n'en auroit pas

fallu davantage, dans d'autre temps, pour soulever la sorbonne et le parlement contre la cour de Rome, et pour exciter une rupture entre la France et le saint siége, ou si quelque cardinal-ministre eût été à la tête des affaires, l'indépendance de la couronne et les intérêts de la vérité auroient été sacrifiés, comme il est arrivé plusieurs fois. Rien de tout cela n'arriva, parce que le parlement avoit à sa tête M. de Lamoignon. Il amena doucement le nonce à rendre hommage à l'indépendance des rois. L'animadversion de la congrégation établie pour l'*Index* ne tomboit, selon lui, que sur deux propositions, dont l'une disoit que l'église peut errer dans son chef et dans ses membres, ce qui détruisoit l'infaillibilité de l'église; l'autre, que le cinquième concile de Latran, tenu en 1516, n'étoit pas œcuménique, ce qui portoit atteinte au concordat approuvé et confirmé par ce concile. « Je ne répondis point, dit
» M. le premier président, à ce qui regardoit
» l'infaillibilité de l'église, parce que je ne
» l'aurois pu faire sans l'expliquer d'une
» manière qui n'auroit pas été agréable à
» M. le nonce, c'est-à-dire, qu'en refusant
» l'infaillibilité à la personne seule du pape
» pour ne l'attribuer qu'à l'église entière; mais

» je l'assurai, dit-il, que nous observions le
» concordat aussi soigneusement en France
» qu'on l'observoit à Rome, et que nous ne
» souffririons pas que l'on enseignât rien au
» contraire ».

Le nonce se plaignit de ce qu'on avoit fait venir un exemplaire du décret de la congrégation de l'*Index*, et le premier président en parut mécontent aussi. Leurs motifs étoient tous différens. Le nonce ne vouloit pas qu'un décret de Rome fût exposé à la censure de la sorbonne, et à la critique du parlement; le premier président vouloit empêcher qu'un décret de Rome ne fût publié sans les formalités nécessaires. Mais qu'importoit la diversité des motifs, pourvu que l'effet fût le même? Le premier président et le nonce furent bientôt d'accord; l'indépendance des rois fut mise à couvert; on exhorta les docteurs à éviter certaines matières contentieuses qui pouvoient occasionner des brouilleries; et le nonce, satisfait, dit en sortant: « qu'il n'avoit plus qu'à changer
» en remercîmens les demandes qu'il étoit
» venu faire ».

De tous ceux qui pouvoient prétendre à la dignité de chancelier, aucun sans doute n'en étoit plus digne que M. le premier président de Lamoignon,

Lamoignon, et la voix publique l'y appeloit hautement; c'étoit même une des raisons secrètes de l'éloignement qu'avoient pour lui les ministres, qui tous aspiroient à cette place; mais M. de Lamoignon avoit, sur cet article, une manière de penser qui lui étoit particulière, et qui devoit les rassurer; il trouvoit la chancellerie une place trop sujète à révolution pour un homme chargé d'une nombreuse famille, et qui avoit des fils à placer dans la magistrature; il comptoit plus, pour cet objet, sur la solidité de sa charge. De plus, il trouvoit que cette instabilité même de la chancellerie avoit affoibli la place; car, quoique le chancelier Séguier l'eût occupée long-temps avec éclat, il avoit cependant éprouvé bien des vicissitudes, et M. d'Aligre, qui lui avoit succédé, étant déjà fort âgé, lorsqu'il avoit porté dans la chancellerie un nom déjà illustré dans la même place par son père, ne l'avoit occupée que trois ans. M. de Lamoignon s'étoit fait de cette éminente dignité une idée qu'il ne trouvoit pas remplie; *c'est*, disoit-il, *un titre de royauté; mais le royaume est à conquérir:* il concluoit « que ce dessein ne convenoit pas » à un homme qui ne vouloit pas mourir dans » l'embarras des affaires ».

En effet, la douceur qui invite au repos, l'amour des lettres qui fait rechercher la solitude, et la piété qui dispose à la vie contemplative, tournoient les idées de M. de Lamoignon vers la retraite; il aimoit à se recueillir quelquefois dans un hermitage voisin de Bâville, d'où il écrivoit à ses filles, religieuses à Sainte-Marie, des lettres dignes des écrivains ascétiques les plus célèbres; l'une d'elles, qui a écrit aussi sa vie, ne l'a même envisagé que de ce côté, par lequel seul on pouvoit être grand aux yeux de cette sainte fille. Ce penchant vers la retraite étoit si fort dans M. de Lamoignon, qu'il ne consentit même à garder la première présidence qu'en cédant aux instances de sa famille, et qu'en considération de l'utilité dont il pouvoit être à ses fils dans cette place.

Les ministres, assurés enfin de ses sentimens à cet égard, devinrent sincèrement ses amis; M. le Tellier fut chancelier, et M. Colbert donna les mains à sa promotion, dans l'espérance de lui succéder. Le fils aîné de M. de Lamoignon, ami à la fois de M. Colbert et de M. de Louvois, étoit un lien de plus dans l'amitié des deux ministres pour son père; la prédilection de Chrétien-François de Lamoignon étoit pour M. de Louvois. « J'avois en-

» gagé, dit-il, entre mon père et lui une amitié
» qui auroit assurément duré très-long-temps,
» car M. de Louvois a toutes les bonnes qua-
» lités de son père, et y a joint une grande fidé-
» lité pour ses amis; j'en ai reçu des marques
» si certaines que je m'en souviendrai toute
» ma vie ».

Nous rapportons d'autant plus volontiers ces paroles remarquables, que tout le monde n'a pas jugé ce ministre si favorablement.

Nous n'avons présenté jusqu'à présent, dans Guillaume de Lamoignon, que le magistrat et l'homme d'état. L'homme de lettres étoit, s'il se peut, plus étonnant encore. Des études tardives, mais assidues, et dirigées par Jérôme Bignon, avoient réparé tous les torts d'une éducation abandonnée aux soins d'un gouverneur mal choisi, et à la tendresse d'une mère pieuse, qui, selon l'expression de M. Baillet, n'avoit pas trouvé dans l'Evangile, ni dans l'Imitation, « qu'il fallût être savant pour gagner » le ciel ». Pour donner une idée du savoir où il étoit parvenu en littérature, nous transcrirons seulement ce qu'en dit le docte Baillet, avec plus de simplicité que de noblesse et d'élégance; et ce ne sera pas notre faute, si, dans ce portrait foiblement tracé, mais fidèle, on

reconnoît encore un de ceux dont nous nous sommes interdit l'éloge. C'est d'après le P. Rapin, et d'après tous les gens de lettres qui avoient connu M. le premier président de Lamoignon, que Baillet dit : «Que jamais homme n'avoit
» été plus universellement ni plus profondément
» savant ; qu'il savoit par cœur tous les poëtes
» anciens et modernes ; qu'il n'ignoroit rien ;
» qu'il savoit, dans un détail et dans une exac-
» titude inconcevables, les moindres minuties
» concernant les personnes, les lieux, les temps
» les plus éloignés de lui et les plus inconnus des
» autres, et qu'il parloit sur-le-champ de toutes
» sortes de sujets de littérature avec tant d'é-
» rudition, tant de suite et tant d'abondance,
» que l'on croyoit souvent, quoique toujours
» faussement, qu'il avoit étudié tout récemment
» la matière dont il discouroit, quoiqu'il n'en
» eût point ouï parler depuis plusieurs années».

M. le premier président de Lamoignon voyoit luire ses jours les plus sereins, les faveurs du roi se répandoient sur lui, le parlement s'applaudissoit d'avoir pour chef le plus intègre et le plus savant des magistrats, le plus sage et le meilleur des hommes ; le public avoit appris à juger de sa conduite par son caractère et par ses lumières, quand il n'en connoissoit pas les motifs ; il recueilloit les fruits les plus doux de l'estime, du respect et de la confiance ; sa gloire étoit au comble, et son fils aîné, avocat-général depuis quelques années, la redoubloit en la partageant ; il venoit de s'associer aux soins vigilans de son père pour le bien public dans une occasion qui fait époque dans notre jurisprudence, je veux dire l'abolition du *congrès ;* le fils provoqua, par un plaidoyer éloquent, l'arrêt que le père eut la satisfaction de prononcer.

Remarquons, pour l'honneur des lettres, que Boileau, par ses quatre fameux vers :

Jamais la biche en rut, etc.

n'avoit pas peu contribué à inspirer à MM. de Lamoignon le désir d'abolir cette indécente et honteuse cérémonie.

Tout flattoit les vœux de M. de Lamoignon ; ses fils étoient dignes de lui ; la félicité de cette âme pure sembloit au-dessus des révolutions ; sa santé n'avoit jamais paru si pleine ni si ferme ; lorsqu'une maladie, qu'on ne croyoit d'abord qu'une légère incommodité, l'emporta en quatre jours ; il mourut le vendredi 10 décembre 1677.

Il avoit épousé, en 1640, Madeleine Potier,

fille de Nicolas Potier, seigneur d'Ocquerre, secrétaire d'état. Il en eut dix enfans, cinq fils et cinq filles. Des cinq fils, deux seulement lui ont survécu : savoir, M. le président de Lamoignon, alors avocat-général, et M. de Bâville, auteur d'une branche éteinte depuis peu d'années, par la mort de M. de Montrevault. Les deux autres branches actuellement existantes descendent du président.

Des cinq filles, deux seulement furent mariées; l'une au comte, depuis maréchal de Broglio, grand-père de celui d'aujourd'hui, qui est le troisième maréchal de France, de père en fils; l'autre à M. de Harlay, depuis premier président.

Nous avons dit que Guillaume de Lamoignon avoit été, parmi les premiers présidens, ce que MM. de l'Hôpital et d'Aguesseau avoient été parmi les chanceliers; M. de Bâville fut, parmi les intendans, ce que son père avoit été parmi les premiers présidens; il passa trente-trois années consécutives dans son intendance de Languedoc, sans revenir à Paris, sans rentrer dans le sein de sa famille, signalant également son zèle et sa capacité dans des conjonctures difficiles, et désigné, par la voix publique, comme un digne successeur des Colbert et des Louvois. Il mériteroit seul un article particulier, où l'on s'attachât à dissiper les nuages qu'une juste pitié pour les malheureux protestans a fait répandre, dans ces derniers temps, sur quelques détails rigoureux de son administration.

Nous ne nous étendrons pas beaucoup non plus sur ce qui concerne le président de Lamoignon son frère aîné, parce qu'on trouve son éloge historique dans le premier volume des Mémoires de l'Académie des Inscriptions et Belles-Lettres, dont il étoit un des honoraires; nous ajouterons seulement à cet éloge, par forme de supplément, quelques traits que nous fournissent les papiers de famille, particulièrement la vie de M. le président de Lamoignon, écrite par M. le chancelier de Lamoignon son fils.

M. Talon (Denis), premier avocat-général, (il n'y en avoit que deux alors), avoit une pension de 6000 liv. On proposa d'en donner une semblable à M. de Lamoignon, alors second avocat-général, à la place de M. Bignon (Jérôme II). On fut ensuite six mois sans en parler. Le roi s'en souvint de lui-même, et dit un jour à M. de Lamoignon : *Vous ne me parlez pas de votre pension?* Sire, répondit

M. de Lamoignon, *j'attends que je l'aie méritée. A ce compte*, répliqua le roi, *je vous dois des arrérages*. La pension fut accordée sur-le-champ, avec les intérêts, à compter du jour où elle avoit d'abord été proposée.

M. de Harlay, beau-frère de M. de Lamoignon, étoit alors procureur-général, et M. de Novion, premier président. Ce dernier étant fort malade, et le roi, parlant à M. de Lamoignon des changemens qui pouvoient arriver par là dans le parlement, M. de Lamoignon saisit cette occasion de demander la place de premier président pour M. de Harlay, et celle de procureur-général pour lui-même. M. de Harlay n'étoit pas bien alors à la cour; le roi dit à M. de Lamoignon : *Pourquoi ne songez-vous pas pour vous à la place de premier président ?* D'après ce mot, on ne peut guères douter que M. de Lamoignon n'eût eu la première présidence, si M. de Novion fût mort de sa maladie ; il revint en santé. M. de Harlay se réconcilia dans la suite avec la cour, et, deux ans après (en 1689), il fut fait premier président sur la démission de M. de Novion.

M. de Lamoignon ne fit point de démarches pour avoir la place de procureur-général, et son fils le blâme de cette inaction. M. le Pelletier étoit encore alors contrôleur-général (1), et en même temps il étoit président à mortier au parlement. Le roi lui demanda une liste des personnes propres à remplir la place de procureur-général ; M. le Pelletier mit à la tête de la liste M. de la Briffe, maître des requêtes, distingué par ses talens. Le roi demanda au contrôleur-général si M. de Lamoignon n'y pensoit pas ? M. le Pelletier dit que non. « Je » ne sais », dit M. le chancelier de Lamoignon, « s'il fit cette réponse pour écarter mon père, » ou s'il croyoit ce qu'il disoit ». M. de la Briffe eut la place.

Vers le même temps, des personnes considérables, dont le nom n'a pas été connu de la famille, confièrent à M. de Lamoignon un dépôt important de papiers : la Cour en fut instruite; l'inquisition ministérielle s'éveilla ; un secrétaire d'état écrivit à M. de Lamoignon que le roi vouloit savoir ce que contenoit le dépôt. M. de Lamoignon répondit : *Je n'ai point de dépôt, et, si j'en avois un, l'honneur exigeroit que ma réponse fût la même.* M. de Lamoignon, mandé à la cour, parut devant le roi,

―――――――

(1) Il avoit succédé, en 1683, à M. Colbert.

en la présence du secrétaire d'état; il supplia le roi de vouloir bien l'entendre en particulier; il lui avoua pour lors qu'il avoit un dépôt de papiers, et l'assura qu'il ne s'en seroit jamais chargé, si ces papiers eussent contenu quelque chose de contraire à son service et au bien de l'Etat. « Votre majesté, ajouta-t-il, me refu-
» seroit son estime, si j'étois capable d'en dire
» davantage. Aussi, dit le roi, vous voyez que
» je n'en demande pas davantage. Je suis con-
» tent ». Le secrétaire d'état rentra dans ce moment, et dit au roi : « Sire, je ne doute pas
» que M. de Lamoignon n'ait rendu compte à
» votre majesté des papiers qui sont entre ses
» mains ». « Vous me faites-là, dit le roi, une
» belle proposition, d'obliger un homme d'hon-
» neur de manquer à sa parole ». Puis, se tournant vers M. de Lamoignon : « Monsieur,
» dit-il, ne vous dessaisissez de ces papiers que
» suivant la loi qui vous a été imposée par le
» dépôt ».

L'auteur de l'Eloge historique de M. le président de Lamoignon a eu connoissance de la commission dont ce magistrat, étant conseiller au parlement, fut chargé, par sa compagnie, d'arrêter le progrès de la contagion qui ravageoit alors la ville de Soissons; et nous ne parlons ici de cette expédition importante, que pour observer que M. de Lamoignon en a lui-même écrit la relation détaillée. Pour sauver la ville même de Soissons du danger qui la menaçoit, on y rassembla tous les secours que la médecine peut fournir. Pour préserver de la contagion tous les entours, on fit un blocus exact de la place. Pour empêcher toute communication entre Soissons et Paris, soit par terre, soit par eau, ce qui étoit le plus grand objet de la commission donnée à M. de Lamoignon, il fit garder tous les passages de l'Oise et de la Marne; et, comme on peut venir de Soissons à Paris par terre, sans traverser ni l'une ni l'autre de ces deux rivières, il fit garder tous les passages d'une rivière à l'autre, depuis Compiègne jusqu'à Château-Thierry, et depuis Creil jusqu'à Meaux. Ses soins furent aussi heureux qu'ils étoient sages, et la contagion cessa bientôt.

Ajoutons enfin qu'à l'exemple de son père, de son aïeul, de tous ses ancêtres, et par un sentiment héréditaire et transmis dans toute sa force à ses illustres descendans, M. le président de Lamoignon fut l'ami de tous les savans et de tous les hommes vertueux; qu'il eut d'étroites liaisons avec Racine, avec Regnard, surtout avec Boileau, qui a composé pour lui une de ses plus belles épîtres, et qui a consacré les noms de *Bâville* et de *Polycrêne*; qu'élevé par le P. Rapin, qui a aussi chanté, dans son poëme des *Jardins* les agrémens de Bâville, il a confié au savant Baillet l'éducation de ses fils et le soin de sa bibliothèque.

On sait, et il seroit inutile et maladroit peut-être de le dissimuler, que M. le président de Lamoignon refusa une place à l'Académie française. Ce refus a droit de surprendre de la part de l'ami de Boileau et de Racine. On n'en a jamais su les raisons, et on les ignore même dans sa famille. MM. de Lamoignon ont seulement sur cette affaire des lettres assez curieuses de M. de Tourreil, alors directeur de l'Académie; de M. l'abbé de Choisy, chancelier; de M. Regnier Desmarais, secrétaire; de Boileau, et sur tout de l'abbé Têtu. Il en résulte que Tourreil, Regnier Desmarais et l'abbé Boileau avoient répondu à l'Académie que M. de Lamoignon accepteroit, quoiqu'il eût toujours dit qu'il avoit des raisons essentielles pour refuser cet honneur.

Après l'élection de l'Académie, et la confirmation du roi, Tourreil écrivit à M. de Lamoignon : « Je vous déclare, Monsieur, que notre

» auguste protecteur vient d'agréer notre choix
» en des termes que votre modestie désavoue-
» roit fort. Entre le roi et vous le débat,
» Monsieur; je ne m'en mêle plus : nous avons
» fait notre devoir. Malheur à vous, si vous
» manquez au vôtre, etc. ».

Si! Tourreil doutoit donc, il prévoyoit donc un refus; il n'étoit donc pas de bonne foi, quand il avoit répondu à l'Académie de l'acceptation de M. de Lamoignon; il paroît qu'il avoit voulu lui forcer la main par l'élection.

M. Duclos, dans une séance publique, lut un morceau de l'histoire de l'Académie, dans lequel il insinuoit qu'en élisant M. de Lamoignon, on avoit voulu exclure M. l'abbé de Chaulieu; que M. le prince de Conty, protecteur de l'abbé de Chaulieu, avoit tiré parole de M. de Lamoignon de ne se point mettre sur les rangs, et que cette parole étoit un secret entre le prince et M. de Lamoignon. On ne trouve rien dans les lettres des académiciens qui ait rapport à ce fait; mais nous voyons que M. de Lamoignon, inquiet de se voir élu par l'Académie et agréé par le roi, écrivit à un ministre, qu'on croit être M. de Pontchartrain, pour lui déclarer que c'est malgré lui qu'on l'a élu, qu'il est oligé de refuser, et pour le prier d'empêcher qu'il ne vienne un ordre d'accepter. Si l'anecdote de M. Duclos est vraie, cette lettre s'y rapporte assez bien : le roi ne vouloit point qu'on élût l'abbé de Chaulieu, et M. de Lamoignon craignoit qu'il ne lui sût mauvais gré d'un refus qui pouvoit faire renaître les espérances de cet abbé. Une réponse de Mme. la duchesse du Lude, dame d'honneur de Mme. la duchesse de Bourgogne, prouve que M. de Lamoignon lui avoit écrit dans le même esprit.

On voit, par les lettres des académiciens, que Tourreil et l'abbé Têtu, tous deux amis de la maison de Lamoignon, étoient fort ennemis entr'eux. L'abbé Têtu, qui avoit longtemps désiré que M. de Lamoignon fût de l'Académie, ne le désiroit pas dans cette occasion, soit qu'il s'intéressât pour l'abbé de Chaulieu, soit par d'autres raisons, sur lesquelles on ne trouve rien dans ses lettres; mais il y engage fortement M. de Lamoignon à persister dans son refus; il trouve fort mauvais que, dans sa lettre d'excuse à l'Académie, M. de Lamoignon conserve des ménagemens pour ceux qui avoient répondu qu'il accepteroit, et qui, par là, dit-il, l'avoient compromis; il n'oublie rien pour irriter contr'eux M. de Lamoignon.

Tourreil, de son côté, fit contre l'abbé Têtu, au sujet de ce refus de M. de Lamoignon, une épigramme, dans laquelle, après avoir peint l'abbé Têtu comme un énergumène intrigant, portrait que ceux qui avoient connu l'abbé Têtu disoient être fort ressemblant, et qui paroît justifié par les lettres de l'abbé; il suppose que M. de Lamoignon disoit à l'abbé :

> Tirez-moi de souci;
> De cette Académie...... en êtes-vous aussi?
> Si j'en suis, moi? Sans doute, et j'y régente en maître.
> Suffit, dit Lamoignon, je n'en veux donc plus être.

Despréaux, dans sa lettre sur ce refus, en parle froidement et sensément, et se contente d'ailleurs de faire quelques plaisanteries sur la difficulté de louer Perrault, auquel il s'agissoit de succéder. Il ajoute, au sujet du choix qui fut fait du coadjuteur de Strasbourg (depuis cardinal de Rohan), sur le refus de M. de Lamoignon : « Quelque mérite qu'ait ce prince, » et quelque beau que soit le nom de Soubise, » je doute que, dans une compagnie de gens de » lettres, comme l'Académie, il sonne plus » agréablement à l'oreille que le nom de La- » moignon ».

Les trois cardinaux de Rohan-Soubise,

que l'Académie a possédés successivement, et dont elle s'applaudit de posséder actuellement le troisième, ont prouvé que les princes de cette maison ne sont pas moins bien placés dans une compagnie littéraire que dans ces postes éminens où leur grand nom et leur mérite les appellent ; mais le mot de Boileau n'en est pas moins juste.

Finissons par une réflexion qui se présente naturellement à la vue de cette suite d'hommes illustres et excellens qu'a produits la maison de Lamoignon. Ces familles patriciennes de la magistrature, ces respectables races, où la vertu, la science et l'amour du bien public sont héréditaires, et qui semblent conserver parmi nous le dépôt des mœurs, ne sont pas celles qui doivent être les moins chères à la nation, et en particulier aux gens de lettres.

F I N.

www.ingramcontent.com/pod-product-compliance
Lightning Source LLC
Chambersburg PA
CBHW051900160426
43198CB00012B/1679